KB140364

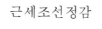

근세조선정감

탐구히스토리

근세조선정감

구한말 지식인이 본 조선의 정세와 그 뒷이야기

박제형 지음 | 이익성 옮김

近世朝鮮政鑑
朴齊炯

탐구당

해 제

이 조선정감朝鮮政鑑은 첫머리에서 보는 바와 같이 박제형朴齊炯이 짓고 배차산裵次山이 평평評評한 것이다.

먼저 저자와 평자를 살펴보기로 한다. 첫째 박제형의 자字는 이순而純이고 반남潘南이 본관本貫이다. 그런데 박제형이라는 형은 형炯자가 아니고 경絅자이어야 한다. 그렇게 되어야 그의 자 이순이라는 순純자와 부합이 된다. 뿐만 아니라 그 당시 박영효朴泳孝·김옥균金玉均 등의 개화파開化派로서 박제경이라는 이름이 여러 문헌에 나타나는 것으로도 그렇게 추단推斷된다. 다음 평자 배차산의 이름은 전塽, 본관은 함양咸陽이고 차산次山은 호號이다. 그런데 배전의 호 차산의 次자도 此자가 정확하다.

여하튼 저자와 평자는 모두 조선 개화기 사람으로서 특히 박제경은 김옥균과 함께 활약하던 사람이다. 갑신정변에는 직접 거사했던 것이 갑신일록甲申日錄에 나타나며, 정변 거사가 실패로 돌아가자 수표교에서 민중에게 피살되었다 한다. 배전은 경상도 김해의 아전 출신으로 항시 서울에 살았던 듯하다. 시인으로서 당시에 유명했으므로 이것이 그의 낮은 신분을 잘 커버해서, 당대의 명사와도 교유할 수가 있었던 것이라고 생각된다.

정감의 내용을 살펴보면, 이 책은 철종哲宗이 즉위하던 때부터 시작되었고 중점은 대원군의 인물됨과 그의 시정에다 초점을 맞추고 있다. 이수정李樹廷의 서문을 보면

「일본인 궁천씨宮川氏가 나에게 조선정감 두 권을 보이면서 서문序文을 청하는데, 곧 이순而純이 짓고 배차산이 평한 것이었다.」

한 것을 보면 정감은 원래 상하上下 두 권으로 되었던 것이 분명하다. 그런데 하권은 국내에서는 볼 수 없고, 역자譯者의 과문寡聞인지는 모르나 일본에서도 발견되지 않은 듯하다. 그러므로 정감 저자가 기록한 연대는 어디까지가 한계인지를 알 수가 없다.

정감은 야사野史이다. 야사이므로 사실을 잘못 기록한 것이 더러 발견된다. 가령 영은부원군永恩府院君 김문근金汝根을 김현근金賢根으로, 영조조英祖朝의 세도가 정후겸鄭厚謙을 정인지鄭麟趾로, 홍선군興宣君의 둘째 아들 명복命福을 셋째 아들 홍복興福으로, 남종삼南鍾三을 홍종삼洪鍾三으로 기록한 등등이다. 그러나 이런 정도의 오류가 있다 하더라도 1880년대의 개화파의 사상을 보여주는 귀중한 문헌임에는 틀림이 없다. 더구나 배차산의 평문評文은 한층 진보된 사상이 산견散見된다. 그의 진보적인 개화사상은 첫째로,

「임금은 백성을 위해서 세우는 것이고, 백성은 임금을 위해서 살고 있는 것이 아니다. 비유하면 한 사회에는 지혜 있고 의기義氣 있는 사람을 택해서 회장으로 삼는데 국가도 또한 이와 같다.」

하여 민본주의民本主義를 분명하게 나타내고, 또한

「미리견 합중국美利堅合衆國은 대동령을 선거하는바 이것이 만고萬古에 지극히 공변된 법이다……」

하여, 미국의 민주주의 체제를 찬양하고 있다.

한편 이 책을 저술한 동기를 살펴보면, 박제경이 1882년 임오군란

壬午軍亂 후에 일본으로 파견한 사절단의 수행원으로 일본에 갔다가, 그곳 신문과 잡지 등등에 조선의 실정이 너무 와전되고 있음을 보았던 것이다. 그리하여 1883년 1월에 귀국하자 곧 정감을 저술하기 시작했던 것이다. 그러므로 특히 대원군에 대한 인품과 정치행적은 아주 상세하게 기록되어 있다. 여기에서 의심스러운 것은 고종실록高宗實錄 임오년壬午年(1882년) 10월 29일 조에

「부사직副司直 이두영李斗永이 상소하여, "김해 사람 배전이 신臣의 명의를 도용하여 상직현尙稷鉉 등을 논란論難했으니...... 귀양 보내기를 청합니다"하였고, 비답批答하기를... "형조刑曹에서 잡아다가 엄중 조사한 다음 보고하라......"」

한 것이 있는바, 당시의 정황으로 보아서 영남하향嶺南遐鄕의 하잘 것없는, 아전이라는 신분으로서 무사하지는 못했을 것이다. 그렇다면 정감에 평문評文을 쓸 때에는 그 사건이 일단락된 후이던가는 알 수가 없다.

위에서 언급한 바가 있지만 당시 개화파의 사상을 알려주는 좋은 자료이며 대원군의 천주교신도 박해사건도 그 원인과 근인을 추단推斷할 수 있는 자료를 제공하고 있다.

본문 번역은 한국교회사연구소에서 발행한 조선정감 영인본을 대본으로 한 것인바, 누락된 이수정의 서문을 번역해 넣었고, 원문에 상당수 발견되는 오자는 옆에다 ○표를 하고 상단에 바른 자를 적었다.

이상으로 소략疏略하나마 해제에 대하거니와, 이 글은 전적으로

이광린李光麟 교수의 「근세조선정감에 대한 몇 가지 문제」라는 논문
에서 초출抄出한 것임을 밝혀둔다.

1974년 성탄절
북한산 밑 우사에서 역자 씀

* 원문에는 내용 목차나 번호가 없었으나 독자의 편의를 위하여 편집자
  임의로 차례를 설정하였다.

** 한자 원문은 이 책의 맨 뒤 페이지에서 시작한다.

차　례

서 문

근세조선정감 서近世朝鮮政鑑 序

조선 근대사에 대한 서적은 얻어 읽을 수가 없다. 사신史臣이 기록한 것은 명산에 간직했다가 세대가 바뀌기를 기다려서 세상에 나온다. 그러나 이것은 정사正史만을 기록했을 뿐이다. 그러므로 내외內外 자잘한 사실은 반드시 야사野史에서 구해야 한다. 그런데 야사는 간행하는 것을 금단하고 비록 공식허가를 얻었다 하더라도 야사를 꾸민 자가 반드시 죄를 당하니 저술하는 자가 없음이 당연하다. 연려실기술練藜室記述・조야첨재朝野僉載・비사기년備事紀年 등 서적은 여러 사가史家의 말을 모아서 기록한 것이다. 위로 건국 초기로부터 영묘조英廟朝까지 우리나라 사료로서 이것을 버리면 채택할 만한 것이 없다. 그리고 정묘正廟 이후로는 다시 기록한 자가 없어, 여섯 조정[1]의 일은 드디어 막연하여, 갖출 수가 없었던 것을, 항상 유감으로 여겼다. 금년 봄에 일본 사람 궁천씨宮川氏가 나에게 조선정감 두 책을 보이면서 서문을 부탁하는 것이었다. 내가 보니, 이 책은 박이순朴而純이 짓고 배차산裵次山이 평한 것이었다. 그 기록한 예가 날마다 들은 것을 기록한 것과 같아서 사서의 체재는 아니었으나 집정한 대신의 행적을 기록한 것은 제법 소상하였다. 대원군에 대해서는 더구나 완곡한 말로써 기리고 나무라는 뜻이 있었다. 이것은 반드시 이순이 상자 속에 깊숙이 간직했을 책인데 어찌해서 궁천씨의 손에 가게 되었는가? 차산이 평한 것도 또한 볼 만하다.

---

1 정종(正宗)・순조(純祖)・헌종(憲宗)・익종(翼宗)・철종(哲宗)・고종(高宗)의 여섯 왕대.

차산은 영남사객嶺南詞客이다. 그가 서교西教를 논한 것은 편협하고 고집스러움을 면치 못해서 오활迂闊하고 진부한 기미마저 있으니 그 완고함을 알 수 있다. 그러나 그가 국내를 벗어난 적이 없으면서 능히 이교異教를 넓게 섭렵했으니 또한 기사奇士이다.

우리나라도 개항한 이래로 외교의 범위가 나날이 넓어지는데 외국 신문으로서 우리나라 소식을 전하는 것은, 아홉이 빈말이고 하나가 겨우 실상이나, 능히 하나하나 변명하지 못하였다. 이번에 이 책이 나오면 우리나라의 실정을 탐방하는 자가 예전에 잘못 듣고 그릇 전하였던 것을 깨닫게 될 것이다. 그리고 그 중에는 국가의 하자瑕疵로 된 것을 또한 바로잡을 수 있을 것인즉 이것은 이순의 공이다. 그러나 이순이 의연하게 말로써 죄받게 되는 것을 두려워하지 않고, 이 글을 세상에 내어놓은 것은 대저 서양 신문 기자記者의 기풍을 본받은 것이었던가?

병술(1886) 늦은 봄(음3월) 상한(丙戌暮春上澣)

조선만사 이수정 서(朝鮮漫士李樹廷序)

1. 헌종 붕어崩御와 철종 즉위

一

　헌종憲宗이 붕어崩御 했으나 후사後嗣가 없었다. 순원왕후淳源王
后 김씨1가 대신을 모아서 대통大統 이을 일을 논의하니, 정승 정원
용鄭元容은 전계군全溪君2의 셋째 아들 변昪을 세우자 하고, 정승
권돈인權敦仁은 도정都正 하전夏銓을 세우자 하여 오래도록 능히 결
정하지 못하였다.

　원용이 하루는 궐문闕文 밖에서 대기하다가 동틀 무렵에 내합문內
閤門에 나아가서 뵙기를 청하였다. 왕후王后가 인견引見하니 원용이
아뢰기를

「대행왕大行王3이 승하昇遐하신 지 여러 날이 되도록 보좌寶座4가
비었으나 안팎이 슬퍼하고 두려워하는바, 어찌하여서 큰 계획을 일
찍이 정하지 않습니까?」

하였다. 왕후가 돈인과 상의해서 말하니, 원용이 아뢰기를

「성심聖心에 먼저 결정하신 다음 돈인敦仁에게 알리는 것이 마땅
합니다.」

하였다. 왕후가 그 말대로 윤허允許하고 인하여 내지內旨5를 내려
원용에게 전계군의 셋째 아들을 강화부江華府에 가서 맞이하도록 하

---

1 조선 23대왕 순조(純祖)의 비(妃).
2 장헌세자(莊獻世子)의 서자(庶子)인 은언군(恩彦君)의 아들.
3 승하(昇遐)한 임금의 호칭.
4 임금이 정사(政事)를 볼 때 앉는 자리. 옥좌(玉座)·용상(龍床)과 같음.
5 보통은 왕의 은밀한 말씀으로 쓰이는 말이나, 여기서는 내전(內殿: 대비)
　의 말씀이라고 보아야 함.

였다.

　원용이 내지를 품고 상서원尙瑞院6에 나가, 관원官員에게 명하여 옥새玉璽7를 찍었다. 드디어 조정朝廷에는 선포하지도 않고 대궐에서 말을 달려 바로 강화로 갔다. 먼저 유수留守8에게 알려서 수레와 가마를 갖추도록 하고 함께 전계군의 집으로 갔다. 그때 전계군은 벌써 죽었고 그 아들은 총각으로 마을에 살며 매우 가난하여 몸소 농사를 짓고 신을 삼고 있었다. 원용이 내지를 받들고 와서 맞이하니, 온 집안이 놀라고 두려워하여 감히 길에 나서지 못했다. 원용이 왕후의 뜻을 간곡하게 고하여 드디어 함께 돌아오게 되었다. 먼저 조정에 급보하여 호위할 병정을 강변에 보내 기다리도록 청하고 원용 등이 서로 이르기를

「만약 강변에 도착하여서도 호위병이 오지 않았으면 우리들은 다 죽게 된다.」

하였다. 다음날 동작銅雀 나루에 도착하니 마군馬君이 벌써 강의 북쪽에 둔취屯聚하고 있었다. 원용이 상방의장尙房儀仗9을 바라보고는 크게 기뻐하여 좌우를 돌아보며

「이제는 내 머리가 어깨 위에 그냥 있게 되었다.」

하였다. 입성할 무렵에는 많은 군중이 길을 메워서, 환호하는 소리

---

6 조선시대 옥새·병부(兵符)·절월(節鉞) 따위를 관리하던 관청.
7 임금의 인장. 임금의 상징이기도 하였다.
8 조선시대 광주(廣州)·수원(水原)·개성(開城)·강화(江華) 네 곳에다 두었던 정이품(正二品) 관직.
9 상방은 조선시대 왕의 일용품을 보관하던 관청인데 거기에서 준비한 의장이란 뜻.

가 땅을 울렸다.

　6월에 관례冠禮를 거행하고 왕위에 나아가니 이 분이 바로 철종哲宗이시다. 전계군을 추봉追封해서 대원군으로 삼고 김문근金汶根의 따님으로 왕비를 삼았다. 문근을 영은부원군永恩府院君으로 삼아, 대정大政을 협찬協贊하도록 하였다. 순원왕후가 수렴垂簾10하였으나, 모든 정사는 먼저 영은에게서 결정되었다. 영은의 조카 김병국金炳國을 훈련대장으로, 김병학金炳學을 대제학으로 김병기金炳冀를 좌찬성으로 삼았다. 영은의 아들 병필炳弼을 대교待敎로 삼고 영은의 표질表姪 남병철南秉哲을 승지로 삼았다. 김씨의 권세가 궁내궁외를 압도했으나, 남병철도 제법 권세를 부리니 병기가 꺼려하였다. 병철을 배척하여 전라감사로 삼아 외방으로 내려 보내니, 병철이 내심에는 분한을 품었으나 감히 나타내지는 못했다. 마침 암행어사가 전라도를 순찰하다가 감영에 와서, 부판관府判官11을 조사할 참인데 먼저 판관의 속리를 잡아 부府 뜰에서 고문하였다. 병철이 크게 노하여서

「어사가 나의 관하에 와서 감히 위세를 부리는 것인가?」

하고, 이에 아전과 군졸 수천 명을 명하여 어사를 공격하였다. 어사는 담을 넘어서 도망쳤고 이 일이 조정에 알려지자 병철이 파직되었으나, 되돌아서 다시 직제학으로 되었다. 병철이 입궐하여 정원을 지나가는데 병기가 멀리서 불러

---

10 수렴청정(垂簾聽政)의 준말. 즉위한 왕이 어려 정사를 볼 수 없을 경우 대왕대비나 왕대비가 발을 치고서 군신(群臣)을 접견하고 정사를 의논하였다.

11 그 부(府)의 판관이라는 말. 감영(監營)·유수영(留守營)에 설치한 종5품 관직으로 감사나 유수를 보좌함.

「군君이 어찌해서 나를 돌아보지 않는가?」

했으나, 병철은 대답도 않고 가버렸다. 이로부터 서로 원수가 더욱 깊어졌으나, 얼마 후에 여러 김씨는 남병철과 강화하였다. 그러나 남南은 그래도 마음이 풀리지 않았다. 다만 외로운 씨족인 연고로 우물쭈물할 뿐이었고, 철종의 대가 끝나도록 김씨가 정권을 잡았으나 남병철 또한 영화로운 벼슬을 잃지 않았다.

야사씨12는 말하기를

조선 속담에 정권 잡은 것을 세도勢道라 한다. 어떤 사람이 세도를 잡으면 어떤 집이 세도를 잃는다. 대저 예부터 강성한 종족과 고귀한 척속이나 혹은 간사한 신하와 아첨하는 환관이 능히 임금을 조종하여서, 정사를 자기 마음대로 한 자가 없는 세대世代가 없었다. 그러나 임금이 칼자루를 공공연하게 신하에게 주지는 않았어도 가끔 치우친 총애로 책임을 온통 맡겨서 국가를 어지럽게 하기에 이른즉, 조야에서 마음속으로 비방하며 분함을 견디지 못한다.

오직 조선에서 세도라고 이르는 것은, 그 사람이 비록 낮은 벼슬과 한가한 직위에 있을지라도 만약 왕명으로 세도를 맡기면 총재冢宰13 이하가, 이 사람의 명을 듣는다. 무릇 군국 기무와 백관百官의 장주狀奏도 모두 세도가에게 의논한 다음이라야 임금에게 아뢰며, 또한 세도가에게 먼저 물은 다음에라야 결정한다. 위엄과 복이 그 손에 있으며 주고 빼앗음도 마음대로 하니, 온 나라가 세도 섬기기를 신명같이 한다. 한번이라도 그의 뜻을 거스르면 화패禍敗가 곧 이르며, 비록 훌륭한 덕과 큰 재주라도 세도가 알아주는바가 아니면 초야에 묻힐 뿐이다. 그런 연고로 선물 꾸러미가 길에 잇달았고 찾아오는 빈객賓客이 문간에 모여 들어서 삼공三公14과 육경六卿15은

---

12 관(官)에서 편찬하는 정사(正史) 이외에 민간학자가 그 시대의 풍속·인심 등등을 기록한 것을 야사(野史)라 하는데 야사씨는 야사를 기록하는 사람으로 여기서는 평자(評者) 자신을 말함.
13 주대(周代) 육관(六官)의 우두머리로서 지금의 국무총리격이었으나 그 후에는 이조 판서를 총재라 하였다.
14 영의정과 좌·우의정.
15 육조(六曹)의 판서.

그 자리만 채우고 있을 뿐이다.

　세도가가 혹 응대하기 귀찮으면, 후당에 깊숙하게 거처하며 내객
來客을 사절하기도 한다. 그런즉 공경 같은 귀한 사람들도 바깥채에
모여서 기다리며 한 번 안면이라도 보기를 간청한다. 그러다가 거절
당하지 않고 들어가서 보고 나오면 밖에 앉아 있는 자를 거만스레
보며 소매를 떨치면서 간다. 세도가가 문에 나서려고 하면 벌떼처럼
앞에 와서 혹 절하며 혹 읍揖하는데, 머리를 끄덕이는 것도 겨를치
못하고 두루 보기도 어려운 형편이다. 조용하게 있을 때면 벼슬을
청하는 자와, 자제를 과거에 붙여주기를 욕심내는 자, 원왕冤枉함을
호소하는 자, 재산을 보호해주기를 구하는 자, 벼슬을 옮겨주기를 청
하는 자, 부귀를 꾀하는 자가 있어 천태만상인데 각자 소회所懷가
있다. 주인이 서쪽을 향하여 좌정하면 고위층이 첫째 간에 모시고
앉는데, 영내檻內라고 이른다. 나머지 문무관 삼품 이하는 모두 남
북 두 줄로 갈라서 다 뒤로 앉으며, 여러 관청 이속과 큰 상인, 부
유한 농군으로서 사족이 아닌 자들은 모두 손길을 앞으로 모으고 빈
객의 뒤쪽에 선다. 처음 문에 들어오는 자는 동쪽을 향해 절한 다음
에 자리에 앉으며, 사족이 아닌 자는 감히 절도 하지 못한다. 먼저
온 자는 물러가고 뒤에 온 자가 앞쪽에 나오는데, 이른 아침부터 밤
누수漏水[16]가 끊일 때까지 조금도 끊임이 없이, 날로 수천 명을 헤
아리게 된다. 혹 낮에도 밤에도 문후問候하는 자가 있으며 혹 하루
에 두 차례를 뵙는 자가 있으나 대개는 날마다 문간에서 기다린다.

---

16 물시계에서 떨어지는 물.

먼 지방 선비로서 업業을 버리고 처자를 떠나 서울에 기식寄食하며, 십여 년이 지나도록 세도집에 부지런히 왕래하여도 마침내 소득 없이 돌아가는 자도 매우 많다.

그 문간을 보면 수레와 말이 골목을 메웠고, 추종騶從이 모여 있어 혹은 고단하게 잠들었고 혹은 시끄럽게 싸우기도 하여, 거의 연극을 보는 듯한데 대저 분경奔競17하는 것은 모두 이런 무리들이다.

당초에 세도를 창설한 뜻은, 임금은 숭엄하니 신하들에게 간곡한 사정과 민간에 고통이 있어도 능히 자세하게 아뢰지 못하여 아랫사람의 사정이 위에 통하기가 어렵고, 만약 임금이 일반 관원과 접근하면 또 임금의 권위가 낮아질 듯한 연고로 세도를 만들어서 간접이 되도록 했던 것이다. 이백 년 전에는 권신權臣이 있었으나 세도라는 명칭은 없었다. 영조 때의 홍익한洪翼漢·정후겸鄭厚謙 같은 무리도 세도라고 논할 수가 없었다. 정종正宗 때에 이르러, 정종이 왕위에 오르기 전에 홍국영洪國榮이 보호하여, 여러 번 위험함을 겪었다. 정종이 세손世孫으로서 영조의 위位를 계승하자, 국영을 은총으로 대우하여, 드디어 정권을 맡겼는데, 이것이 세도의 시초였다. 그러나 정종은 영명한 임금이었다. 동궁으로 있을 때에 진문공晉文公18 같은 고난을 당했고, 타고난 자질이 명민하였다. 학문을 좋아했고 부지런히 묻고 했는데, 대통을 이은 후에는 훌륭한 정사를 시행하니

---

17 엽관운동(獵官運動)과 같음.
18 중국 춘추시대 송나라의 임금으로 이름은 중이(重耳). 태자(太子)로 있을 때 소인(小人)의 참소(讒訴)를 만나 외국으로 도피해서 갖은 고난을 겪었음.

온 관료가 정숙하여서 감히 간특한 짓을 부리지 못했다.

까닭에 국영이 비록 영조의 의사를 돌리도록 한 공이 있었으나 항상 삼가고 조심하여 오직 하루아침에 꾸지람을 당해 은총을 잃게 될까 두려워하니, 백성이 편하고 문화가 울흥蔚興하였다. 이것은 바로 문성왕文成王[19]의 덕이었고, 세도의 공은 아니었다. 이후부터는 임금의 외척 집이 세도가 되었고 이것이 잇달아 예例로 되어서, 사람들이 세도 있는 것을 그르게 여기는 것이 아니라 도리어 세도 없음을 걱정하게 되었다. 우연히 세도가의 강적이 나타나서, 전 세도가를 거꾸러뜨리면 정권이 바로 새 세도가로 돌아가게 된다. 그러나 그 비밀한 내정을 외인으로서는 자세히 알지 못한다. 그러므로 다 헤매면서 바라볼 뿐이고 갈 바를 알지 못한다. 건의코자 하는 일이 있어도 임금의 뜻을 요량할 수가 없어 발언하지 못한다. 여러 유사有司[20]도 오직 우물쭈물하기만 일삼아서 모든 사무가 정체되고 형벌과 포상도 결정되지 못한다. 세도가 이에 크게 출척黜陟[21]을 시행하며 위엄을 보인 다음이라야 인심이 바야흐로 안정되어서 한 곳으로 따르게 되는데, 이것이 세도가 바뀔 때의 공통된 걱정이다. 만약 두 세도가가 서로 버티어서 각각 당파를 심고 세력이 평균하여 서로 낫고 못함이 없으면 이때 조정에 벼슬하는 자는 어제는 영화로웠다가 오늘은 치욕을 낭해서 갑작스럽게 변화한다. 그리고 어느 쪽이든지 꼭 붙지 않고 양다리를 걸치던 자는 또 중요하지도 않은 곳으로 배

---

19 정종대왕(正宗大王)의 시호(諡號).
20 특정한 임무를 맡은 사람 또는 관리.
21 출(黜)은 좌천 또는 파면, 척(陟)은 승진.

척되어서, 영화를 사모하는 자의 가장 불행한 기회로 된다. 헌종 때 조씨가 정권을 잡았을 적에, 병구가 병현을 배척하던 것이 이와 같은 것이다. 오직 김씨와 남씨가 서로 다툰 작은 풍파가 있기는 했으나, 영은부원군이 세도의 주인이었던 까닭으로 자질子姪들의 알력은 마침내 화평하게 되었다.

2. 집권 전의 대원군

영은부원군은 사람됨이 관후하여 아랫사람을 은의恩義로써 거느리고 몸통이 비대하니 사람들이 포물부원군이라 하였다. 아들 병필은 약하고 병이 잦아서 영은이 요직을 제수하지 않았고, 조카 김병학과 병국은 모두 넉넉한 도량이 있고, 병기는 조금 호방하였는데 영은이 모두 사랑하여 이목耳目의 임무任務1를 맡겼다. 그러므로 모두 정권에 참여하였고, 남병철도 총명이 뛰어나서 학문이 넓고 글도 잘하며 더구나 산술과 천체관측에 정밀하였다. 자신이 수륜水輪을 제작하여 지구사시의地球四時儀를 운전시키니 영은이 더욱 사랑하였고, 철종 또한 특별한 총애로 대우하였다. 그리하여 남南은 드디어 여러 김씨를 깔보다가 필경 좌절당해서 우울하게 불평을 품고 오로지 서화書畵와 여색女色으로써 스스로 즐거워하였다.

병필은 여러 종반從班에게서 제 권리를 빼앗기고 눌려 있어서 내심이 화평하지 못했는데 영은도 또한 아는 체 하지 않았다.

철종은 여러 번 아들을 두었으나 모두 기르지 못했고 주색酒色이 과했다. 여러 김씨는 왕에게 후사 없음을 걱정하여 종실 자손으로 명망이 있는 자는 남모르게 없애고자 하였다.

홍선군 이하응은 재주와 지략이 뛰어났으나 집이 가난하여 죽도 제대로 먹지 못하였다. 성품이 경솔하고 방탕하여 무뢰한과 잘 어울렸다. 기생집에서 놀다가 가끔 부랑군에게 욕을 당하니 사람들이 모

---

1 간관(諫官)의 임무. 사간원과 사헌부의 관원.

두 조관朝官으로 여기지 않았다. 매양 여러 김씨에게 아첨하였으나 김씨들은 그 사람됨을 좋지 않게 여겨서 모두 냉정하게 대했다. 홍선군이 평소부터 난초를 잘 그렸다. 일찍이 수백 냥 돈을 꾸어서 고운 깁[絹]을 사고 손수 난초를 그려 병풍 하나를 만들었는데 꾸민 것이 매우 아름다웠다. 김병기에게 바치고 싶어도 퇴짜 맞을까 염려되어, 이에 그 좌우 사람을 통해서, 완곡한 말로 바쳤다. 병기가 받기는 했으나 한 번도 펴보지 않고, 바로 광에 넣어 버리니 홍선군이 크게 실망하였다.

홍선의 맏아들 재면載冕이 생일을 당해, 부인 민씨와 의논하고 비녀와 옷가지를 전당典當잡혀서 잔치를 차리되 기악妓樂까지 불러 놓았다. 이날보다 앞서 병기의 집에 가서 청하기를

「아무날이 내 생일인데 그대가 내 집에 와 준다면 영예가 이보다 더 클 데가 없겠소.」

하니 병기가 답하기를

「말씀대로 하겠소마는 규재圭齋와 먼저 약속하시오. 만약 규재가 간다면 나도 가지 않을 리가 없소.」

하였다. 홍선이 크게 기뻐하며 남병철에게 가서 앞에 말과 같이 하고 또

「규재군이 만약 머리를 흔든다면 찬성贊成2도 또한 오지 않을 터이니 한 번 기동하기를 천만 간청한다.」

하니, 병철이 웃으면서 머리를 끄덕였다. 그날이 되어 날이 벌써 늦

---

2 조선시대 의정부(議政府)의 종1품 관직으로 좌찬성(左贊成)과 우찬성(右贊成)이 있음.

었는데에도 김과 남이 아물러 오지 않았다. 홍선은 초조하여서 연거푸 하인을 보내 청했으나 병기는 병을 핑계하고, 병철은 공사公事가 있다고 칭탈하였다. 홍선이 성사되지 않는 줄 알고 수레를 달려, 직접 가서 병기를 청하니, 병기는 의관을 바로 하여 한창 빈객을 대하고 있었다. 홍선이 이르기를

「듣자니 병환이 있다더니 벌써 나았소?」

병기가 웃으면서

「내가 본래 병이 없었고, 오늘 약속도 잊지는 않았소마는 군君은 종실이고 나는 척신戚臣이오. 지금 주상께서 주사가 없어 안팎이 걱정 중인 이 때에, 척신으로서 아들이 있는 종실 사람과 사사로이 모임을 갖는 것은 혐의를 받을 염려가 있으므로 감히 군의 집에 가지 못하오. 내가 군에게 실언失言한 것을 후회하고 있소.」

하였다. 홍선이 크게 놀랐으나 그의 말이 뜻밖이어서 감히 강권하지 못하고 잠자코 나오면서 이것은 반드시 규재의 짓이라 하였다. 인해 남병철에게 가니 남이 맞이하여 이르기를

「군이 와서 무슨 말을 할 것인가를 벌써 알았으니 입을 뗄 필요가 없소. 우리들이 비록 군의 집 생일잔치를 먹지는 않았으나 영랑令郞의 과거科擧는 염려 마십시오.」

하였다. 홍선이 말이 막혀서 두 번 절하며

「그대가 왕림枉臨하지 않으면 이놈은 집사람들을 볼 낯이 없게 되오.」

하였으나 남이 끝내 승낙 하지 않으니 홍선이 한을 품어 뼈에 사무

처 하였고, 그 후에 재면이 급제及第는 하였다.

그 때에 반역모의를 고발한 자가 있어, 잡아다가 몹시 족치니 말이 도정궁都正宮 이하전李夏銓에게 관련되었고 연루자가 매우 많았다. 여러 수모자首謀者는 수레에 매어 찢어 죽이고 하전에게도 죽음을 내렸다.

당초 하전이 과거에 응시할 때에 항상 힘이 센 자를 많이 모집하여 시장에 데리고 들어가서 여러 부호집 자제와 자리를 다투었다. 이 해에도 김씨 집 자제와 서로 다투다가 크게 낭패를 당하자, 하전은 머리를 풀어 헤치고 맨발로 시장 밖에 도망쳐 나가 종실로서 척신 집 사람에게 좌절당한 것을 분하게 여겨서 손바닥을 치며 하늘을 우러러 크게 부르짖기를

「하늘이여, 원통하다.」

하였다. 여러 김씨는 드디어 이것으로 원망하여 몹시 좋아하지 않았는데 끝내 이런 화를 당하니 원통하게 여기지 않는 백성이 없고, 그의 죽음을 듣고는 눈물을 흘리기까지 하였다. 대개 철종을 세울 무렵에 권돈인은 하전을 세우려던 의논이 있었던 연고로 여러 김씨가 기회를 노려 후환을 없앤 것이었다. 얼마 후에 경평군景平君 이승응李昇應 또한 탐학貪虐했다는 것으로써 제주로 귀양 가게 되니 종실들이 두려워하여 오직 면하지 못할까 염려하였다.

김씨와 남씨 등은 모두 홍선군을 경홀하게 여겨서 만나기만 하면 조롱하였고 홍선도 또한 이것을 영광으로 여기는 것이었다. 하루는 홍선이 남병철의 집에 갔는데 이날에도 남이 조용하게 홍선에게 이

르기를

「그대가 하전의 역모를 알고 있었지?」

하였다. 홍선은 크게 놀라서 낯빛이 변하였다. 머리가 땅에 닿도록 엎드려서

「그대는 어찌해서 이런 나쁜 연극을 꾸미는 것이오.」

하니 병철이 크게 웃으면서

「시백時伯3은 어찌 담이 그리 적소.」

하였는데, 홍선은 땀이 나서 등을 적시었다. 돌아와서 다른 사람에게 말하기를

「오늘에 십 년은 감수했다.」

하였다.

---

3 대원군 이하응(李昰應)의 자(字)

야사씨는 말한다.

대원군은 인걸人傑이다. 집에 숨은 용4이 있는 것을 어찌 모를 리가 있겠는가? 한창 종실이 주륙誅戮되는 즈음에 자신을 보호하는 방책이 뒤떨어질까 염려하였던 연고로 낌새가 있기 전에 미리 요량하고 몸가짐을 일부러 경박하게 하여서 스스로 명망을 손상시켰다. 머리를 숙여 아첨하며 자식을 위해 벼슬을 구하여 비루鄙陋하기가 심하니, 정권 잡은 자의 주의하는바가 되지 않았다. 그러나 규재는 벌써 슬기로운 눈총으로써 알아차렸고 희롱한 날도 바로 이것을 시험한 것이었다.

대원군의 놀람도 또한 유예주劉豫州5가 우렛소리를 듣고 젓가락을 떨어뜨리던 것과 같아서 서로서로 농락하였다. 일찍이 들으니 규재가 살았을 때에 지금 임금을 매우 사랑하여 매양 손을 잡고, 중얼거리며 선물을 줌이 많았다 하니 그 벌써 수경水鏡6의 조감藻鑑7 속에 들었음을 알 수 있다.

---

4 용은 임금을 비유하는 것으로 숨은 용이란 장차 임금으로 될 사람이라는 뜻.
5 중국 삼국시대의 유비(劉備). 공손찬(公孫瓚)에게 의탁하여 예주(豫州)와 서주(徐州)를 영솔한 것이 있었으므로 유예주라 하기도 하였음.
6 중국 후한(後漢) 말엽 영천(潁川) 사람. 성명은 사마휘(司馬徽), 자는 덕조(德操), 수경은 호이다. 유현덕(劉玄德)에게 제갈양(諸葛亮)을 천거하였음. 청아한 자질로서 사름을 잘 알아보았음.
7 사람의 외모만 보고서 그 인품까지 알아보는 견식.

3. 고종의 등극 경위

三

계해년癸亥年 십이월에 철종이 붕어하니, 여러 김씨가 왕위를 계승할 분을 의논하였으나 세울 만한 사람이 없었다. 오직 흥선군의 둘째 아들이 나이 열둘이고 영매英邁하여서 임금의 기상이 있었다. 맞이해서 세울 참인데, 영부사領府事 김좌근金左根과 영돈령領敦寧 김흥근金興根이 유독 난색을 보이며

「이 분에게는 생부가 있다. 우리나라에 자고로 살아 있는 대원군은 없었는데, 그 아버지를 장차 어떤 자리로써 정하겠는가? 또 흥선은 성품이 좋지 못한데 만약 태상太上의 존귀함을 믿고 조정 정사를 잡아서 어지럽게 하면 반드시 국가의 큰 우환으로 될 것이니, 어찌 깊이 생각해서 거행할 것이 아닌가?」

하였다. 병기와 병국 등은 모두 비통하여 호곡號哭하며 넋 잃은 사람 같았다. 초조하게 큰 계획을 정했으나 여러 척신은 모두 팔을 걷어 올리고 각자 사심을 품고 있었다.

그때에 익종왕비翼宗王妃 조씨와 헌종왕비憲宗王妃 홍씨가 모두 궁중에 있었다. 조비趙妃의 조카 성하成夏와 종질從姪 영하寧夏는 모두 어리므로 영의정 조두순趙斗淳이 문장門長[1]으로 되어서, 새 왕을 익종의 후사로 삼고자 하였으며, 홍비洪妃의 아비 익풍부원군益豊府院君 홍재룡洪在龍도 이미 죽었고 아들 순형淳馨이 또한 어리므로 판서 홍순목洪淳穆이 문장으로 되어서 사왕嗣王으로서 헌종의 계

---

1 가문에서 항렬과 나이가 가장 위인 사람.

통을 계승하도록 모의하였다. 모두 궁중에다 비밀하게 아뢰어서 각자 책략을 정해놓고 있는데 철종왕비 김씨는 방금 비애悲哀 중에 있고, 또 본가의 세력이 강성함을 믿어서 반드시 대행왕大行王의 후사를 있게 될 것이고 다른 염려는 없을 것이라 생각하였다. 이에 하교下敎가 있기를

「흥선군의 둘째 아들 명복命福은 타고난 자질이 숙성夙成하여 임금의 도량度量이 있으니 들어와서 대통大統을 잇도록 하고, 전 영의정 정원용을 원상院相2으로 삼아 운현궁雲峴宮에 나아가서 맞이하도록 하라.」

하였다. 왕은 그때 어린 나이로서 금위영3 새 동산에서 연을 날리며 놀고 있었다.

대신이 여러 유사有司를 거느리고 왕의 앞에 나아가서 왕대비王大妃의 교지敎旨를 읽은 다음 정원용이 꿇어앉아서 눈물을 드리우며

「노신老臣이 불행하게 여섯 조정을 내리 섬겼고, 지금에 두 번째로 새 왕을 맞이하게 되었습니다.」

하였다. 왕은 어리둥절하여서 무슨 일인지 알지 못했고, 흥선군과 부인은 꿇어앉아서 왕의 손을 잡으면서

「이로부터는 이 손도 잡을 수 없게 되었습니다.」

하였다.

왕이 드디어 보련步輦을 타고 복건幅巾과 담청색 도포로 궁에 들

---

2 조선시대 임금이 죽은 후에 26일 동안 대소정무(大小政務)를 맡아서 처결(處決)하던 임시 관직.
3 삼군문의 하나로 서울을 지키던 군영. 종로 전 국악원 자리.

어가는데 구경하는 자들이 집을 메웠다. 호위하던 군사가 채찍을 휘둘러서 힘껏 때리니 늙은이와 어린이는 엎어지고 넘어지며 흩어졌다가 다시 모여서 전진할 수가 없었다. 왕이 보련을 멈추도록 명하고 대신을 앞으로 불러서 묻기를

「대신들이 나를 데리고 가서 무엇 하려고 하오.」

「임금으로 삼으려고 합니다.」

라고 대답하였다. 왕이 말하기를

「왕이란 백성을 다스리는 사람이 아니오. 지금 왕으로 되려고 가는 것을 백성들이 모여서 보는 것은 바로 나를 사랑하는 것인데 어찌해서 함부로 치는 것이오. 추위가 또 심한데 사람이 상할까 염려되니 군사에게 길을 벽제辟除4하지 말도록 금하는 것이 마땅하오.」

하였다. 대신이 공손히 응낙하고 왕의 말씀을 선포하니, 백성이 이미 왕의 말씀을 직접 들었으므로 기뻐하는 소리가 우레 같으며

「우리들은 걱정 없다.」

하였다.

---

4 옛날 고귀한 사람이 행차할 때 별배(別陪) 따위가 일반 사람의 통행을 제한하던 일.

야사씨는 말한다.

훌륭하다 왕의 말씀이여!

나는 나라가 중흥될 것을 안다. 나라에 임금을 세우고 정승을 두는 것은 백성을 다스리는 까닭이다. 각기 권리를 보호해서 서로 침범하지 말도록 하는 것이다. 어리석은 자는 지혜로써 지도하고, 가난한 자는 부유하게 되는 것으로써 가르치며, 인仁하지 못하고 의義하지 못한 자를 없이 해서 양민을 편케 하는 것인데 이와 같을 뿐이다. 백성이 많아도 나의 노예가 아니며, 토지에서 생산되는 물건이 나의 광 물건이 아니다. 그런데 탐학한 임금은 백성의 살림을 벗겨내서 제 사치와 욕심을 부리며, 흉포한 임금은 백성의 목숨을 해치면서 나라가 커지는 공을 좋아한다. 태왕太王5이 빈邠 지방을 떠나면서

「나는 사람을 기르는 것으로써 사람을 해치지 못한다.」

하였다. 토지와 재부財賦는 논할 것도 없고, 지금에 사람을 기르는 것으로써 사람을 해치지 않는 자가 능히 몇이나 될까? 서경書經에 이르기를

「백성은 나라의 근본이다.」

고 이미 정령丁寧하게 말했다. 대개 임금은 백성을 위해 세우는 것이고 백성이 임금을 위해서 사는 깃이 아니다. 비유하면 하나의 사

---

5 고대 중국 주문왕(周文王)의 조부(祖父). 빈(邠) 지방에 살았는데 적인(狄人)이 침범하므로 재물을 주어서 강화했으나 적인이 강토(疆土)를 탐내었다. 국인(國人)이 싸우고자 했으나, 태왕은 "땅은 사람을 기르는 것인데 나는 사람을 기르는 것 때문에 사람을 죽일 수는 없다." 하고 기산(祈山) 밑으로 피해가서 살았다 한다.

회에는 반드시 지혜와 의기 있는 자를 택해서 회장會長으로 삼는데 나라도 또한 이와 같다. 까닭에 서양西洋 말에

「천하天下를 사회社會라고 한다면 사회의 총리總理는 모름지기 덕 있는 자로 뽑아야 한다.」

하였다. 상고上古시대는 법을 세우던 시초와 그리 오래되지 않았으므로 요堯・순舜・우禹・탕湯이 교대해서 물려주고 물려받았으며, 고요皐陶와 익益・직稷은 사퇴하고 받지 않았다. 만약 오늘날에 임금이 그 위位를 신하에게 양여讓與하면 반드시 연쾌燕噲[6]라는 기롱譏弄이 있을 것이며 그 신하는 마침내 대역大逆이라는 죄명에 빠질 것이다.

미리견 합중국美利堅合衆國에서 대통령을 선거하는 것은 만고에 지극히 공변된 법이다. 임금이 그 위를 사유私有로 하고 천하를 세업世業으로 자손에게 전함으로써 문득 헤아릴 수도 없는 폐단이 생긴다. 그러면서 스스로 명명하기를 천자라 하는데, 곧 상제上帝가 아들을 세상에 내려 보내서 만성萬姓과 만물萬物을 주관한다는 뜻이다. 드디어 살육을 함부로 행하며 속박하고 억압하면서 하늘의 명이라 한다. 그리하여 백성의 생명이 이미 제 소유가 아닌즉, 한 몸뚱이에서 재산財産에 이르기까지 무엇이 자유로 될 수 있으며 무엇이 제 권리로 되겠는가?

슬프다! 임금이 백성을 다스리는 자로서 탐학하여도 오히려 불가

---

6 전국시대(戰國時代) 연왕(燕王) 쾌자(噲子). 이름은 평(平), 후한 예(禮)로 현인(賢人)을 초빙하여 정사를 맡겼음. 제(齊)나라를 공격하여 기(箕)・즉묵(即墨) 두 지방 외에는 전부 점령하였음.

한데 하물며 임금에게 고용되어서 다스리는 직職을 갈라 맡은 자가 탐학함이리오. 이것은 충성되지 못할 뿐 아니라 곧 도둑이다. 주인이 용인傭人을 시켜 목축牧畜하면서, 날짜를 계산하고 삯돈을 주어서 일찍이 한 푼도 적게 하지 않았고 가끔은 포상까지 있었다. 그런데 용인은 이미 삯과 상금을 먹었는데, 이에 양모羊毛를 가만히 베어서 저자[市]에 팔고 먹기를 즐겨서 제 주머니를 채운다 하자. 이런 사람을 보면 비록 백치白癡라 하더라도 그 악도惡徒임을 반드시 알게 될 것이다. 사대부로서 어찌 부끄럼 없이 이런 짓을 하는가? 부끄럽지도 않은가?

조선의 지금 임금이 여러 왕 때의 폐막弊瘼7을 이어서 그 규모를 새롭게 하고, 여러 나라와 사귐을 통해서 부강하기를 도모하며, 딴 의논이 조정에 가득해도 의연하게 영단하고, 흉특한 역적이 여러 번 일어났으나 세운 뜻이 흔들리지 않았으니 진실로 중흥할 어진 임금이었다.

즉위하던 처음을 보면 어린 나이로서 벌써 임금 노릇하는 요령을 알아서 백성 사랑하는 것으로써 근본 하였으니 이것은 그 천성이었다. 조선의 조정 신하들은 이 뜻을 받들지 못하고 오히려 옛 것만 지켜서, 그 영화와 녹봉만을 보전코자 함으로써 제 몸뿐이 아니고 백성까지 희생시켰다. 그 희생시킨 것으로써 다시 자손에 남기고자 한 자는 천벌이 있어야 마땅하다.

---

7 못된 병통. 없애기가 아주 어려운 민폐(民弊.)

4. 고종의 등극과 대원군의 집권

四

    사왕嗣王이 입궁하자 조대비趙大妃는 왕의 좌우에 조정 신하가 있음에도 불구하고, 돌연히 외전外殿에 와서 사왕의 손을 잡으며

「나의 아들이다.」

하였다. 조선 신하들이 황구惶懼하여 모두 엎드렸고 오직 정원용이 대비에게 내전內殿에 들도록 권했으나 대비는 그 말을 듣지 않았다. 사왕의 손을 꼭 잡고 자기가 거처하는 전殿으로 돌아가서, 사왕의 옥좌를 내전에다 설치한 다음, 인하여 옥좌 후면에다 수렴垂簾하였다. 전지傳旨하여 대신을 불러들여 하교하기를

「새 왕이 익종대왕의 계통을 이었으니 바삐 내외에 선포하는 것이 마땅하다. 그리고 미망인이 이미 수렴하였은즉 수렴청정 하는 의주儀注[1]를 의논하여서 아뢰어라.」

하니 여러 대신이 깜짝 놀랐으나 일이 이에 이르러서는 어떻게 할 수가 없어, 모두 자전慈殿의 하교대로 하겠습니다 하였다.

    이에 날을 택해 인정문仁政門에서 관례冠禮를 거행하였다. 백관百官은 모두 최복縗服과 건질巾絰[2]로써 조정에 들어와서 만세를 부르고 곡반哭班에 나아갔다. 사왕이 대행왕과 형제의 항렬이 되므로 인해, 복제를 정하고 빈전殯殿[3]에 나아가서 곡읍哭泣한 다음, 조비의

---

1 나라 예식의 절차를 정해서 기록하는 것.
2 최복은 복인(服人)이 입는 상복(喪服). 건질은 두건과 수질(首絰)·요질(腰絰).
3 임금의 빈소(殯所: 상청)를 모신 전(殿)

전에 돌아갔다.

조비趙妃를 높여서 대왕대비大王大妃로, 김비金妃를 대비로, 홍비洪妃를 왕대비로 삼았다. 홍선군은 대원군으로, 부인 민씨閔氏는 부대부인府大夫人으로 봉했다. 생가 조부生家祖父인 남연군南延君을 추숭追崇해서 남연대원군으로 삼고 홍선궁을 운현궁이라 부르기로 하였다.

여러 대신이 발[簾] 앞에서 대원군에 대한 처우를 의논했는데 그때에 대원군이 발 안에서 대신들의 말을 다 듣고 있었으나 대신들은 알지 못했다. 대왕대비가 하교하기를

「대원군에 대한 의주儀注는 의거할 만한 전고典故가 있소? 여러 대신이 상의商議하여 아뢰도록 하되 원상院相이 먼저 발의發議하시오.」

정원용이 대답하기를

「우리 조정에 살아 있는 대원군은 처음 있는 일이므로 전조前朝에는 원용할 예가 없습니다. 사체事體가 중난重難한데 신은 섭정攝政하는 직위에 있으니, 이치에 여러 사람의 논의를 모아서 재결裁決하는 것이 마땅합니다. 소견所見을 먼저 아뢸 수는 없으니 여러 신하에게 먼저 물으시기를 청합니다.」

하였다. 전 영의정 김좌근이 아뢰기를

「대원군은 사왕의 생부입니다. 남의 후사를 계승하는 예로서 생가生家4에 대한 예는 비록 강쇄降殺5하는 것이나, 효란 것은 천자天子

---

4 본생가(本生家)의 준말. 남의 후사로 양자 간 사람이 태어난 집.
5 등(等)에 따라 줄어드는 것.

로부터 서인庶人까지 통합니다. 자식이 임금으로 되었다는 것으로써 아비가 북면北面해서 섬길 수는 없으며, 또한 함께 높여서 나라에 두 임금이 있도록 할 수는 없습니다. 저의 소견으로는 신하 아닌 위치로서 대우하는 것이 마땅하다는 것입니다.

조정에 들어오면서 추창하지 아니하고, 임금 앞에서라도 이름을 부르지 않는 것입니다. 현복玄服과 사모紗帽에다 기린麒麟을 수놓고, 옥띠를 매며 검은 양산陽傘을 받치는데 절모節旄[6]로써 인도하여 궐문에 들어오며, 사인교四人轎를 타도록 합니다.

하마비下馬碑를 운현궁 문밖에 세우고 홍살문[紅箭門]을 세워서 표합니다. 백관은 대신·왕자·군·부마 이하로 사부師傅까지 그 집에 가게 되면 모두 공복公服을 입습니다. 하마비 앞에 이르러 말에서 내리며, 당堂에 올라서는 영외楹外에서 절합니다.

대원군이 출입할 때는 군사로써 호위하고 의복은 대군의 제도와 같게 하면서 그 의장은 조금 높여서, 조정에서 존속尊屬을 높이는 뜻을 보이는 것입니다. 주상께서는 매달 초승에 반드시 운현궁에 근친覲親하며 일체 정사政事로써 수고롭게 하지 말아서 편케 봉양하는 절차를 이루는 것이 마땅할 듯합니다.」

하니 대원군이 듣고 이를 갈았다. 다음 김흥근의 차례에 이르자, 앞에 말한 좌근의 논의와 같았다. 조두순이 말하기를

「대원군이 비록 주상의 사가 부친私家父親이기는 하나 주상께서 이미 익종대왕을 아버지로 하였은즉 대원군도 또한 신하입니다. 김좌

---

6 임금이 사자(使者)에게 표지(標識)를 주던 기(旗)

근의 말에 나라에 두 임금이 있도록 할 수는 없다는 것은 옳습니다. 다만 그가 정한 의주는 말과 서로 모순되는 바, 이와 같이 하면 두 지존됨을 면치 못함이 있을까 합니다. 저의 생각에는 여러 가지 번거로운 의식을 생략하여 왕과 대군의 예와 똑같이 하는데, 추창하거나 절하지 않고 이름도 일컫지 않아서, 대군보다 높이도록 하는 것이 마땅할 듯합니다.」

하였다. 원상 정원용이 드디어 조두순의 논의에 따르도록 주청하였다. 대왕대비가 하교하기를

「여러 대신의 논의는 참작함이 마땅하오. 미망인이 사체事體를 알지 못하나, 다만 사왕의 나이 어리고 미망인도 늙은 아낙네로서 견식見識이 없소. 국사다난國事多難한 지금에 만기萬機[7]가 엉클어져 있으니 대원군이 대정을 협찬하는 것이 마땅한데, 만약 존숭한 지위에 처해서 능히 신하와 서로 접촉하지 못하면 구애拘礙되는 바가 많을 것이오. 그런즉 그 의절儀節은 다만 대신과 같은 등급으로 하고 임금 앞에서 추창하거나 절하지도 말고 이름도 일컫지 않는 것이 가하오.」

하였다. 여러 대신들은 깜짝 놀랐고 김좌근과 김흥근이 불가하다 하여 두세 차례 다투었다. 대왕대비가 이르기를

「의론은 이미 결정되었으니 영부사와 영돈령은 안심하시오.」

하니 여러 대신이 할 수 없어, 물러나오고 말았다.

---

7 임금이 다스려야 할 정치상의 모든 기무(機務)

야사씨는 말한다.

김좌근과 김흥근이 대원군에 대한 의주로써 다투었는데, 그들의 뜻은 겉으로는 높이는 척하면서 속으로는 억제하려는 것이었다. 대원군이 간웅의 자질로써 임금의 아버지라는 위세까지 부리게 되어서는 범에 날개가 돋친 듯하여 막을 수가 없는데, 하찮은 의식 따위로써 어찌 능히 이 사람을 속박 하겠는가?

대원군이 철종 때에 있어서는 이끌어 주는 친척도 없는 외로운 공자公子였다. 그러나 장동 김씨壯洞金氏의 세력이 혁혁하던 그날에도 그 사이에서 노닐면서 마침내 화를 면했다. 대개 영웅이 때를 못 만났던 연고였다. 저 규재·사영思潁8 등은 비록 아량이 보통보다는 지나는 것이 있지마는, 마침내 석파石坡9의 적수는 아니었다. 하루아침에 송곳이 빠져나왔는데도 오히려 그 날카로움을 꺾고자 하였으니 그들 자신이 요량하지 못했음을 많이 보였을 뿐이다.

---

8 김병기(金炳冀)의 자(字)
9 대원군의 아호(雅號)

5. 대원군 집권체제의 확립

五

대왕대비가 하교하기를

「백관과 유사有司는 먼저 대원군 집에 가서 일을 품稟하라. 삼군영
에서는 날쌘 군사를 뽑아, 번을 돌려가며 호위하고 출입할 때에는
쌍파초선雙芭蕉扇을 쓰도록 하라. 궐문에 들어 와서는 남여藍輿를
타며 내관內官이 부액扶腋해서 전전殿에 오르도록 하고 조참 때에는
좌석을 별도로 대신의 위에 설치하라. 상약尙藥에서 진어進御하는
인삼을 해마다 갈라서 운현궁에 보내고 전답과 노비를 대군의 예와
같이 정하라.」

하였다.

정월 열 하룻날 왕이 운현궁에 근친하고, 인해 경우궁 사당을 배
알한 다음에 환궁하였다.

대원군이 비로소 정사하였다. 조두순을 영의정으로 삼고, 김병학
金炳學을 우의정으로, 이의익李宜翼을 이조판서吏曹判書로, 정기세鄭
基世를 병조판서兵曹判書로, 김세균金世均을 호조판서戶曹判書로, 이
승보李升輔를 선혜청 당상宣惠廳堂上으로, 이경하李景夏를 훈련대장
訓鍊大將으로, 이장렴李章濂을 금위대장禁衛大將으로, 이경우李景宇
를 어영대장御營大將으로, 이방현李邦玄을 총융사摠戎使로, 신명순申
命純을 우포도대장右捕盜大將으로 삼았다. 대행대왕大行大王의 장례
를 치르고 산릉山陵을 양주楊州에다 정했다.

당초에 헌종이 경복궁을 중건코자 하였다. 궁이 백악산 밑에 있는

데, 이태조李太祖[1]가 한양에다 도읍을 정하면서 이 궁에 거처하였다. 그 후 선조 임진년에 이르러 일본의 관백關白 평수길平秀吉의 난亂을 만나, 궁전이 땅을 쓸어버린 듯하고, 오직 경회루 돌기둥 40여개만이 우뚝할 뿐이었다. 헌종은 공비工費가 매우 거창한 것을 계산하고, 이에 사사로 내탕內帑[2]을 저축하여 동전 수백만 냥을 가죽부대에다 담아 두었다. 이때에 와서 대원군이 선왕先王의 뜻을 이루고자 하여 중수하도록 영을 내렸다. 간관諫官[3]이 간하여도 듣지 않고, 팔도 백성에게 결전結錢[4]을 더 거두었다. 한 결結마다 백문百文씩인데, 결두전結頭錢이라 일렀다. 이에 역사役事를 시작하여 옛 궁전 터에다, 영건국營建局을 설치하고 이경하李景夏를 영건도감 당상 겸 좌포도대장營建都監堂上兼左捕盜大將으로 삼아서 그 일을 감동監董하도록 하였다. 사사로 서울저자[市] 백성을 타일러서 역사에 나아가도록 하니 저자 백성들이 그 뜻을 받아들여, 수백 명이 무리로 되었다. 모두 종이로 만든 비로모毗盧帽를 썼는데 채색 꽃으로 꾸몄으며 소쿠리를 메고 연모를 가졌다. 한 사람이 기를 잡았는데 기에는 「아무 저자 사람이 와서 역사를 돕는다」라고 적었다. 또 한 사람은 어깨 위에다 여남은 살 된 작은 아이를 올려 계집아이로 꾸며서 어깨 위에서 춤을 추게 하면서 피리를 불어 가락을 맞춰 날마다 영건營建하는 장소에 가는 것이었다. 내원군이 죄다 뜰에 불러와서 한 곡조

---

1 조선 태조 이성계(李成桂)
2 내탕고(內帑庫)의 준말로서 임금[궁중]의 사사 재물을 보관하는 곳간.
3 사간원과 사헌부의 관원.
4 조선시대 토지의 결복(結卜)에 따라서 세(稅)로 받던 돈.

춤추도록 명하고 천 냥을 상으로 주었다. 이에 여러 동리 저자에서 다투어 본받아서 역사를 돕는 자가 수만 명이나 되었다. 궁은 몇 날이 안 되어서 완성될 듯했는데 광화문에서 잘못 불을 내어서 재목 쌓아 둔 곳까지 연소延燒하니, 모아 두었던 좋은 재목이 죄다 재로 변해버렸다. 다시 강원도 산중에서 재목을 벌채하고 두미상류斗尾上流에다 띄워서 한강으로 운반하였다. 또 각 산에서 돌을 깎아놓고, 녹로轆轤를 만들고 통나무를 땅바닥에 편 다음, 돌을 통나무 위에다 올려서 운반하였다. 그런데 당기던 줄이 혹 끊어지면 돌이 잘못 굴러서, 죽고 상하는 자가 많았다. 무릇 나라 안 큰 바위와 큰 나무로 민간신앙民間信仰의 대상이 되었던 것은 도끼날을 받지 않은 것이 없으니 요사스러운 말이 백갈래로 많았다. 대원군이 문득 꾸짖으며

「만약 나무와 돌의 신神이 빌미로 될 것 같으면 내가 스스로 당할 것이니 백성은 염려하지 말라.」

하니 사람들이 감히 저지하지 못했다. 부호한 씨족과 대갓집에서는 모두 묘지를 수호하며, 차지한 산림이 매우 넓다. 자손이 감히 벌채하지 못하고 수백 년을 키워서 빽빽한 나무가 하늘에 치솟아 있었다. 대원군이 타이르기를

「임금의 거처할 곳을 세우는 참인데, 그대 집 추목楸木[5]을 이용코자 한다. 그대 선조의 영령이 있다면 반드시 수긍할 것이다.」

하고 인해, 함부로 베고 찍었다. 호소하는 자는 문득 죄를 당하니 부호한 씨족이라도 어떻게 하지 못했다. 또 영을 내리기를

---

5 산소 옆에 심어져 있는 나무.

「나라 법에 장지를 침범하는 것을 금하는데, 산릉山陵은 사방 일리
一里이고, 사족士族은 백보百步이며, 평민은 오십보이다. 지금 사족
의 묘지로서 서로 바라보이는 곳까지 금하는바, 만약 이와 같은즉
전국에 장지를 제외하면 갈고 심고 할 만한 땅도 없게 된다. 일체
예전 법대로 하고 노는 땅을 넓게 차지하지 못한다.」
하였다. 영이 내리자, 사족과 평민이 크게 고통으로 여겼으나 또한
감히 어기는 자가 없었다.

야사씨는 말한다.

조선의 매장하는 법은 방술方術하는 사람의 말에 반해서 군君과 공公으로부터 아래로 서민까지 한가지로 그렇다. 한 사람이 죽으면 문득 한 곳 새 땅을 차지한다. 혹은 방술가의 꺼린다는 말로 인해서 부부 사이를 떼어서 각각 남북南北에 장사하는데, 예에 죽은즉 무덤을 함께 한다는 그 뜻이 어디에 있는가? 장사한 곳에는 근방이라도 남의 매장을 승낙하지 않는 것이 벌써 밉상인데, 무덤과 서로 바라보이는 곳마저 딴사람이 장사하는 것을 승낙하지 않는 것은 더구나 나쁜 짓이다. 그 국가에 해됨이 두 가지가 있다. 전답으로서 갈고 심는 것 외에는, 나라에 바치는 토지세가 없다. 묘지는 빈 터가 넓어도 갈고 심지 못하니 전국의 세액이 줄게 되는 것이 한 가지이고, 나라의 부富는 광산鑛山에 있고, 기기국機器局을 설치하게 되면 반드시 재목이 소용된다. 묘지는 지맥地脈을 발굴하는 것을 크게 꺼리고 사사로 차지한 산림에는 일찍이 세를 걷지 않으며 또한 벌채를 하는 것도 허가하지 않으니, 땅 임자도 감히 벌채하지 못하는바 천연적인 산물을 포기하여, 이용할 것을 방애妨碍하는 것이 둘째이다.

대원군이 그 폐단을 통절痛切하게 개혁했으니 쾌하게 근절할 수 있었다. 그러나 능히 그 폐단을 다 없애지 못했고 쓸데없는 곳에 다 써버렸다. 그러나 만약 이 공公의 위엄이 아니었더라면 능히 개화를 막아서 완고함을 보존하지 못했을 것이며 이 공이 아니었더라면 후일에 또한 완고함을 변해서 개화하는 데로 진보하는 것도 또한 바라기 어려웠을 것이다.

6. 천주교 탄압

남종삼南鍾三이란 자는 사족士族이다. 대원군을 설득하기를

「공은 오늘날 천하대세는 서양 여러 나라가 중국을 넘겨다보는 것을 아십니까?」

하였다. 대원군이 놀라면서

「서양이라는 나라는 어디에 있는가?」

종삼이 구미歐美 여러 나라의 형세를 내리 말하면서

「우리나라도 반드시 한쪽 모퉁이에서 편케만 지낼 수 없게 될 것입니다. 만약 저 나라들과 사신使臣을 통해서 사귐을 맺고, 물자를 서로 무역하면서 그들의 기예技藝를 배운다면 나라를 부유하게 하고 백성을 이롭게 하는 방책일 것입니다.」

하므로 대원군이 협실夾室1로 불러들여 함께 말하면서

「서양과 통하고자 하여도 아주 멀고 동서가 동떨어졌는데 어떻게 계책을 세우겠는가?」

종삼이 말하기를

「공이 진실로 이와 같이 할 생각이면 중흥하는 거룩한 사업도 곧 이룰 수 있습니다. 생生의 우인友人2 남상교南尙敎와 이신규李身逵는 모두 뜻을 같이하는 사람으로서 우리나라를 서양 각국에 소개하기를 원하고 있습니다. 듣건대 일본 장기長崎지방은 서양 사람들이 모여

---

1 큰 방 옆에 붙어있는 작은 방.
2 남상교는 남종삼의 친구가 아니라 부친. 대원군과는 일찍부터 친교가 있는 사람임.

드는 곳이라 하니 만약 명공의 명을 받고, 부산관으로 하여, 장기에 있는 서양 상인에게 소식을 통하면 그들을 불러오는 것도 어렵지 않을 것입니다.」

대원군이 머리를 끄덕이며 좋다 하면서

「이것은 큰일이다. 갑자기 할 수도 없는 것이다. 내가 깊이 생각한 다음에 실행하겠으니 그대는 나의 계책을 누설시키지 말라. 나의 계획이 결정되었을 때에 그대를 볼 것인즉 그대는 집에서 기다리게.」

하니 종삼은 매우 기뻐하면서 갔다. 대원군은 곧 신임하는 장갑복張甲福에게 가만히 염탐하도록 명하였다. 장갑복이 밤에 남종삼의 집에 도착하여, 담을 넘고 후당後堂으로 들어가서 지붕에 올라 누워서 들으니 지붕 밑에서 이상한 말을 하는 자가 있고, 또 글을 읽는 소리도 들렸다. 염탐한 지 십여 일 만에 바야흐로 그 집에 외국 사람이 숨어있음을 알고, 돌아와서 대원군에게 보고하였다. 대원군은

「이것은 반드시 서양 천주교 전도사이다.」

하고 드디어, 가만히 좌포청을 신칙申飭하여 남종삼과 그 집사람을 체포하되, 한 사람도 도주하도록 해서는 안 된다 하였다. 포교捕校가 군졸을 인솔하고 종삼의 집을 갑자기 포위, 수색하였다. 후당에 이르러 한 사람을 보니 키가 여덟 자나 되며, 눈이 우묵하고 코가 높았다. 허연 얼굴에 수염이 길고 말이 이상하였다. 그 사람이 거처하는 곳에 기구와 노리개 따위가 화사하고 기이하였다. 드디어 종삼과 함께 포청에 잡아다가 고문하였다. 그 사람의 말로는 성은 장張, 이름은 경일敬一이라 하였다. 옆구리에 십자패十字牌를 차고 있으므

로 무슨 물건인가 물었더니 천주를 받드는 것이라 하였다. 드디어 압슬壓膝3과 전도剪刀4하는 형刑으로써 종삼을 고문하니 그제야 사실대로 공초供招하는데 장경일이란 자는 바로 불랑기국佛郎機國 천주교 전도사로서 15년 동안 국내에 살면서 사방에 포교하여 신자가 수십만이고, 남종삼과 이신규도 모두 그 교를 숭봉하는 것이었다. 포장捕將이 대원군에게 보고하니 대원군이 크게 놀라서 장경일을 옥獄 안에서 죽이도록 명하였다. 대개 그 사람이 외국 사람인 연고로 남이 다 알게 죽여서 사람들을 놀라게 하고 싶지 않았던 것이다.

종삼과 신규 등을 추궁하여 신도를 체포했는데 종삼과 신규는 끝내, 서소문 밖에서 수레에 매어 찢어 육시戮屍를 내고 그들의 처자妻子도 도륙하였다. 남상교南尙敎는 실정을 알면서 고발하지 않았다는 것으로써 또한 참斬하였다. 당초에 국법이 서교西敎를 엄금하고 사학邪學이라 지목하여, 신도를 잡으면 더러운 말로써 천주를 배반하는 맹세를 하도록 위협하여, 교를 배반한 자는 문득 사赦하였다. 이때에 와서 나라 안을 크게 수색하니 포승에 묶인 자가 길에서 서로 바라보일 정도였고 포청 옥이 만원滿員되어서 이루 재결裁決할 수도 없었다. 그 중에는 어리석은 백성, 어리석은 아낙, 어린 아이들, 철없는 자가 많았다. 포장이 민망하게 여겨서 교를 배반한다는 맹세를 하도록 타일렀으나, 신도들은 듣지 않았다. 이에 형장刑杖으로 때려서 기어코 회개悔改시키고자 하니, 피부가 낭자하게 터지고

---

3 죄인을 심문할 때 무릎 위에다 무거운 물건을 올려놓던 고문의 일종.
4 가새주리, 두 다리를 묶고 그 사이에다 막대기 두 개를 꽂은 다음 서로 엇갈리게 잡아 젖히는 형벌의 일종.

피가 청 위에까지 튀어 올랐다. 신도들이 문득 환호하기를 혈화血花
가 몸에서 나니 장차 천당에 오르겠다 하였다. 포장도 어떻게 할 수
가 없어 드디어 옥 안에다 묶어놓고 차례대로 목 졸라 죽였다. 죽일
때마다 능히 교를 배반하겠는가 물었는데 비록 어린 아이들이라도
또한 그 부모를 따라서 천당에 오르기를 원하였다. 대원군이 듣고서
다 죽이도록 명하고 어린 아이들만 사하였다. 시체를 수구문水口文
밖에다 버려서 산같이 쌓이니 백성들이 벌벌 떨며 위령威令을 더욱
두려워하였다. 이경하의 집이 낙동駱洞에 있었는데 무릇 포장이 죄
인을 잡으면 반드시 사가私家에서 다스렸으므로, 백성이 경하를 염
라대왕 같이 여겨서, 남을 꾸짖으면 반드시 미끄러져서 낙동에 떨어
져라 하였다. 대원군이 이런 한 가지 일을 연유해서 백성의 넋을 빼
앗고, 금지하도록 영을 내려서 마침내 그 포학한 성미를 부렸다.

새 궁전이 완성되지 않았는데 제물이 벌써 다 없어져버렸다. 다시
백성에게 강제로 돈을 바쳐서 공역工役을 돕도록 하면서 원납전願納
錢이라 일컬었다. 염탐꾼을 널리 배치하여 백성의 살림을 자세히 염
탐하고, 죽이라도 조금 잇대는 자는 반드시 포청을 신칙하여 그 집
주인을 불러 위압하고 살림의 몇 분을 바치도록 하였다. 그러나 실
상인즉 가끔 남에게 무고誣告를 당하기도 한다. 그런 까닭으로 백
냥 되는 살림을 가진 자에게 천 냥을 바치도록 하니, 비록 살림을
다 내어도 영을 받들 수 없어, 자살하는 자도 많았다. 대원군이 자
기 집 부림꾼으로서 가장 신임하는 자는 천희연千喜然·하정일河靖
一·장순규張淳奎·안필주安弼周 네 사람인데 세상에서 이들을 「천

하장안」이라 일컬었다. 그 밖에 이승업李承業·유재소劉在詔는 모두 권세가 도성都城을 압도하여 고관대작들도 또한 예대禮待하여서 아첨하였다. 그리고 장순규는 전적으로 원납전 일을 주선하였다. 그런 연고로 그물에 걸린 자는 반드시 장순규에게 청촉하여 액수를 줄이려고 하였다. 장순규는 중간에 서서, 해결하는 척하면서 뇌물을 헤아릴 수도 없이 거두었다. 장순규가 이런 까닭으로 탐색하기를 더욱 부지런히 하여, 먼저 새를 숲에다 몰아넣고는 뒤쪽으로 그물을 슬쩍 틔우니, 도성 사람으로서 곁눈으로 보지 않는 자가 없었다. 「천하장안」의 누이동생이 모두 상궁으로 되어 왕을 좌우에서 모시는 연고로 대원군의 신임을 얻게 되었고, 환자宦者 이민화李敏化는 공사청 내시公事廳內侍로서 내명 출납內命出納을 맡은 연고로 대원군과 또한 깊이 결탁하였다. 이 무리로써 이목으로 삼아 궁중의 동정을 곧 알고 있었다.

여러 관청 아전들도 모두 총명하고 재예才藝 있는 자를 선발하여 임무를 맡겼다. 형조집리刑曹執吏 오도영吳道榮, 호조집리 김완조金完祖·김석준金錫準, 병조집리 박봉래朴鳳來, 이조집리 이계환李繼煥, 예조집리 장신영張信永과 의정부 팔도도집리議政府八道執吏 윤광석尹光錫은 모두 대를 이어 아전의 후손으로서 전례典禮를 익히 알므로 일을 당하면 곧 판단하니, 대원군이 하나같이 그들의 말에 따랐다. 대신과 육경六卿은 본디 아침에 제수除授되었다가 저녁이면 갈리므로 관청을 여관 같이 여겼다. 이때에 와서는 각 관청에 모두 운현궁에서 전임專任한 아전이 있어, 경·상卿相은 팔짱을 끼고 서명이나 할 뿐이었다.

팔도의 감영과 사도四都의 유수 영문留守營門도 또한 이와 같아서 감사監司와 유수가 도리어 아전에게 제어되었다. 전라감영의 백낙서白樂瑞·낙필樂弼 형제와 경상감영의 서은로徐殷老 같은 자는 하찮은 향리로서 위세가 후끈하였다. 수신帥臣이라도 그들의 뜻을 조금 거슬렀다가는 견책과 파면이 곧 뒤따라왔다. 백白과 서徐도 장순규와 같이 백성의 재물을 거두어들이는 앞잡이 노릇을 하니, 백성들이 잡아먹고자 하였다.

야사씨는 말한다.

인재는 본디 귀천에 한정된 것이 아니며, 중등 정도의 재주도 오직 위에 있는 사람이 어떻게 이용하는가에 있다. 비유하면 칼과 송곳 같은 것은 공작하는 데에 쓰는 것이나 담벼락을 뚫는 도둑질에도 이용될 수 있고, 혹 목을 찌르기까지 한다. 운현궁에서 신임한 자를 보면 모두 민간의 기이한 재주꾼들이다. 윤광석·오도영·장신영 등은 문예가 사랑할 만하고 총명하여 기억력이 놀라웠다. 민첩한 것이 무리에서 뛰어나 사리事理를 훤하게 통했는데 윤광석이 더구나 뛰어났다. 그들은 사람됨이 방정뇌락方正磊落하여 기절氣節을 숭상하고 대체大體를 알았으니 그 묘당廟堂의 대리代理가 되어 추밀樞密의 임무를 돕는 것이 마땅하다. 김완조와 김석준은 관전官錢을 훔쳐서 포탈逋脫한 것이 여러 만 냥이었고, 오영돈은 옥사獄事를 농간하고 뇌물을 받아서 부자가 되었으며, 백낙서 형제는 백성들에 잔학하게 했는데 장순규가 그 수탈하는 것을 도왔다. 죄는 모두 베어 죽임도 용서할 수 없는 것들이나, 인품은 보통내기가 아니었다.

만약 국가의 법률을 정비한 다음, 위에 있는 자가 지극히 공정한 마음을 가지고 개화 진보開化進步에 종사한다면, 많은 엉클어진 일을 처리하는 데에 쓸 만한 자는 모두 무리이며, 이 무리도 또한 나쁜 짓을 하지 못할 것이다. 나는 매우 애석하게 여긴다.

7. 대원군의 개혁과 양요洋擾

　대원군이 이미 김좌근과 김흥근을 미워하여, 그 원한을 보복코자 하였다. 마침 왕이 수원에 거둥하여 정종릉正宗陵을 배알拜謁하고, 하룻밤을 묵은 다음 환궁하는데 전임대신前任大臣들이 강변에서 맞이하게 되었다. 조선제도에 임금이 성 안에 거둥하는 데에는 대가大駕를 호종扈從하는 백관百官이 모두 사모紗帽와 흑색단령黑色團領을 착용하고, 성 밖에 거둥할 때에는 모두 융복戎服[1]을 착용하는 것이었다. 곧 갓은 호랑이 수염과 자개 갓끈으로 꾸미고, 남색첩이藍色帖裡[2]를 입으며 장검長劍을 차는 것이 예禮였다. 지영祗迎[3]하는 자는 현임現任과 직임職任이 없는 자를 막론하고 대가를 호종하지 않는 자라도 감히 제집에 누워서 쉬지 못한다. 만약 대신이 지영하면 왕이 몸소 답례答禮하면서 지나가고 혹 특별한 예로써 대우하는 것인즉 내관內官을 보내 사례하기도 한다. 만약 불러서 보게 되면 반드시 융복으로써 연輦 앞에 알현한다.

　그때에 전 정승 정원용鄭元容은 나이 90여 세고 김좌근과 김흥근은 모두 70~80여 세인데 조정에서 기로대신耆老大臣으로 예대禮待가 특별하였다. 이때에 세 사람이 모두 조복朝服을 입고 지영할 참인데 혹 부름을 당해 창졸간 융복이 없으면 실례될까 두려운데, 어떤 복

---

1 군복과 같다.
2 조선시대 무신(武臣) 당상관(堂上官)이 입던 공식 복장. 첩이는 철릭·첩리와 같다.
3 공경하게 맞이한다는 것. 임금이 행차했다가 환궁할 때에 맞이하는 데에 쓰는 말

색복色을 착용할 것인지 몰랐다. 두 김씨는 사자使者를 운현궁에 보내 물으니 대원군이 말하기를

「환궁은 반드시 날이 저문 다음일터인즉 총총해서 불러 볼 틈이 없을 것인데, 무엇하러 융복을 별도로 준비할 것이리오.」

하였다. 인해서 대원군이 정원용에게 가니, 정원용이 또 두 김씨와 같은 물음을 하였다. 대원군이 이르기를

「공 등은 나라의 원로이다. 멀리 길에서 맞이하는데 왕이 혹 불러서 위로할 것인즉 융복을 별도로 가져가지 않을 수 없을 것이다.」

하므로 정이 그 말대로 하였다. 대원군이 왕에게 이르기를

「돌아오는 길에는 모름지기 정·김 세 대신을 불러 보십시오.」

하였다. 왕이 능을 배알하고 행차를 돌려서, 노량진 주교舟橋를 건너니 날이 이미 어두웠다. 군사를 호령하여 길을 재촉해 입성하는데 기병과 보병이 달리니 먼지가 일어나서 사평沙坪에 이르니 대신이 조복 차림으로 길 옆에서 맞아 절하였다. 왕이 문득 말을 멈추고 정원용·김좌근·김흥근에게 알현하도록 명하였다. 세 사람에게 갑작스런 명이 뜻밖에 내렸으나 정은 이미 융복을 가져왔으므로 곧 조복을 벗고 융복으로 바꿔 입은 다음 호위하고 있는 병졸들 속으로 추창해 들어갔다. 왕이 말에서 내려서서, 읍揖하며

「공이 수고스럽게, 멀리 맞이하니 내가 몹시 송구스럽소. 공의 나이가 지금 얼마인지요?」

대답하기를

「아흔 둘입니다.」

왕이 감탄하기를

「백세 노인이 정신이 쇠하지 않았고 걸음도 소년 같으니 이는 나라의 상서이다.」

하고 함께 한참 동안 말하다가 인해 김좌근 등을 재촉하여 어찌해서 들어와 보지 않는가 하였다. 두 김씨는 황공惶恐하여 융복이 없으므로 감히 알현하지 못한다는 것으로 대답하였다. 사자가 회보回報하니 왕이 좋아하지 않으면서 말에 올라 떠났다. 이튿날, 두 김씨가 모두 차자箚子4를 올려서 사죄했는데 왕이 비답批答하기를

「지난 일을 어찌 반드시 인혐引嫌5하리오. 경卿은 안심하시오.」

하였다. 두 김씨가 왕의 비답을 받고 더욱 황구하여 스스로 편케 있지 못했고, 비로소 대원군이 중상中傷한 것인 줄을 알았다.

김좌근의 호號가 하옥荷屋인 연고로 사람들이 하옥대신이라 일컬었다. 하옥의 첩은 나주 기생인데 성은 양梁이다. 철종 때에 하옥이 김씨 문중의 장長으로서 권세가 조정을 압도했는데, 양도 하옥의 총애를 받는 까닭으로 또한 벼슬을 팔고 뇌물을 받아서 살림이 여러 만萬이었다. 이때에 하옥은 이미 늙었으나 양은 얼굴이 늙지 않고 영리하게 잘 받드니 하옥이 매우 반해서 양이 아니면 침식寢食이 편치 못하였다. 나라 사람이 양을 나합羅閤이라 호칭했는데 나주 합하羅州閤下라는 말로서 높인 것이었다. 양씨가 성질은 고와도 투기가 아주 심했다. 일찍이 노하여 하옥의 뺨을 치기까지 하여 사람들의 말이 떠들썩하였다.

---

4 간단한 상소문
5 책임을 지고 물러나는 것.

하루는 대왕대비가 양을 불러 입궁토록 한 다음 꾸짖기를

「네 죄가 셋인데 네가 아느냐? 시골 천한 기생으로서 대신의 총애를 믿고 정사에 간섭하여 뇌물로써 치부致富하였으니 죄가 하나이다. 대신에게 무례하였으니 죄가 둘이고, 사람들이 나합이라 호칭하는바, 합이라는 것은 정승이 아니면 남의 일컬음을 외람되게 받을 수 없는 것인데 너는 아무렇지도 않게 여겼으니 죄가 셋이다. 너에게 죽음을 내리는 것이 당연하나 대신의 여년餘年이 많지 않은데, 너의 참혹한 꼴을 보면 인정에 참기 어려울 것이며 반드시 조양調養하기를 잘못할까 염려되는 연고로 우선 너의 목숨만은 용서한다. 닷새 만에 행장을 꾸려서 영구히 너의 고향으로 돌아갈 것이며 서울에 머무는 것은 허가하지 않는다.」

하였다. 양이 꾸지람을 당하고 돌아와서 하옥에게 말하며, 서로 붙들고 울면서 어찌할 바를 몰라 하였다. 하옥이 드디어 병을 칭탁하고 양과 함께 청수동 별장으로 가서 빈객을 사절하고 밤낮으로 시름하였다.

하루는 문지기가 갑자기 대원군이 도착했음을 알리니 온 집이 놀라고 기뻐하여 산부처[生佛]가 하강한 듯하였다. 대원군이 하옥에게 이르기를

「공이 편찮다는 것을 듣고 문후問候하러 왔소. 공의 안색을 보니 화창하지 못한 바, 어떤 병환이 있는지 감히 묻는 바이오.」

하옥이 탄식하면서,

「내가 죽게 되었으니 공이 자비를 베풀어서 구원해 주시기를 원합

니다.」

대원군이 거짓 놀라는 체하면서

「무슨 까닭이오?」

하니, 하옥으로 인해서 그 첩이 대왕대비에게 엄한 꾸지람을 당하고 시골로 돌아가게 되었음을 말한 다음

「늙은 몸이 죽게 된 나이에 이 사람을 의지해서 명을 부지하는데, 이제 이별하게 되었으니, 어찌 능히 진정하겠소.」

하는데 말을 못다 마치고 목이 메는 것이었다. 대원군이 우스워서 넘어질 듯하나 억지로 참고 얼굴빛을 고치면서

「임금의 명이라 어찌하겠소.」

하고 한참 있다가 또 말하기를

「나주집이 차마 이별하지 못하는 것도 공의 뜻과 같으오.」

하였다. 양이 벽을 사이하여 이 말을 엿듣고 훌쩍거리는 소리가 좌석에까지 들렸다. 하옥이 양을 불러,

「운현대감은 딴 손님과 다른데 네가 어찌 피하겠는가? 와서 배알하라.」

하니 양이 눈물을 거두고 앞에 나와서 절한 다음, 일어나서 벽 모퉁이를 향해 서 있었다. 잠깐 있다가 주찬酒饌을 올리는데 훌륭한 준비였다. 하옥이 잔을 들어서 대원군에게 건네며

「만사가 모두 공에게 있는데 공은 홀로 우리 부부를 위해서 주선하지 않으시겠습니까?」

대원군이 빙그레 웃으면서

「이것이 쉬운 일은 아니나 천천히 도모하겠소.」

하니 하옥이 눈물을 그치고 즐거워하며 다시 양에게 절하여 사례하도록 하였다. 대원군이 말하기를,

「나주집이 만약 은사恩赦를 받는다면 장차 무엇으로써 국가에 보답하겠는가?」

하고 인해서, 주상主上이 중궁中宮을 맞이할 참이고, 새 궁궐을 중건하는 공비工費가 매우 거창하여 재정이 곤란하다는 것을 말하였다. 양이 그의 뜻을 알아차리고 드디어 십만 냥으로써 가례嘉禮치르는 비용을 돕고, 십만 냥으로써 새 궁궐 역사에 돕기를 원하였다. 이튿날 대왕대비가 양에게 하교하여 다시는 방자하지 말고 조심해서 대신을 섬기도록 경계하니, 양이 곧 이십만 냥을 탁지度支6에 실어 보냈다.

대원군은 심승택沈承澤과 인척姻戚의 의誼가 있었다. 일찍이 심씨 집 제사에 갔는데, 여러 심씨가 죄다 모여 있었고 그때 참판 벼슬에 있던 심이택沈履澤도 좌석에 있었다. 주인에게 이르기를

「흥선군이 어찌하여서, 심가 집 제사에 와서 참예하는가?」

승택이 말하기를

「그대는 모르는가? 이 분은 우리 척속戚屬이다.」

하니 이택이 발끈하면서

「사부士夫도 또한 군君이라는 작위爵位를 가진 척속이 있던가? 이것은 부끄러운 일이다.」

---

6 탁지부(度支部)의 준말. 지금의 재무부

하면서 제사 반열班列에 들지 않고 바로 가 버렸고 홍선은 크게 부끄러워한 일이 있었다. 이때에 와서 대간臺諫을 부추겨서 심이택에 대한 사사 감정을 터뜨렸다. 이택이 지난번에 충청감사로 있으면서 탐학했다고 탄핵하여 이택을 종각 거리에서 형장질 한 다음 제주에 위리안치圍籬安置7하였다.

항상 말하기를

「규재圭齋는 크게 요행하여 벌써 황천객黃泉客이 되었다. 오늘날에 있을 것 같으면 내가 반드시 그 뼈를 추렸을 것이다……」

했는데 규재는 남병철南秉哲의 호였다.

삼년 상기喪期를 이미 마치고, 왕비를 세울 참인데 처음으로 간택령揀擇令8을 선포하였다. 그런데 부대부인의 아우 민승호閔升鎬가 그 일가 민치록閔致祿의 후사後嗣로 출계出系하였고, 치록에게 딸이 있어 나이가 방금 열여섯이며 서사書史에 통달하여, 규수閨秀로서 칭예稱譽가 있었다. 부대부인이 대왕대비에게 추천하고 또 대원군에게 의논하기를

「우리나라에 세도를 잡은 자가 모두 척신戚臣이었는데 대개 근친近親이었던 연고로 자연 그렇게 되었습니다. 만약 민가閔家와 국혼國婚을 하게 되면 민은 나의 친정이니 반드시 이씨 집 권세를 빼앗지 않을 것이며 비록 빼앗김을 당한다 하더라도 딴사람보다야 낫지 않

---

7 죄인이 귀양 간 그곳, 일정한 장소에다 가시 울타리를 만들고 그 안에 가두어 두는 것.
8 임금이나 태자의 배우자를 선택하기 위해서 내리는 영. 이 영이 내리면 사대부 집 규수는 혼인을 정하지 못한다. 임금이나 태자의 배우자를 결정하고 이 영을 해제한 다음에라야 비로소 혼인을 할 수가 있다.

겠습니까?」

대원군이 좋아하지 않으면서

「당신 집 승호가 나에게 처남인데 만약 승호의 여동생을 왕비로 삼으면 승호가 내 자식한테도 또한 처남이 되고, 부자가 같은 처남이니 무슨 체면이 되오. 인척으로 논하면 민씨 집 규수가 상감에게 이모뻘이 되며, 예禮에 같은 성씨끼리 장가들지 않는다 했는데, 하물며 지극히 가까운 친척이겠소.」

하였다. 부대부인이 재삼 권하고 대왕대비도 또한 부대부인의 말이 있은 연고로 여러 번 대원군에게 말하기를 매우 힘껏 하였다. 드디어 혼의婚議를 정하고 민씨를 맞이해서 중궁으로 삼았는데 기일期日에 앞서 민씨를 운현궁으로 옮기고 왕이 친영례親迎禮9를 운현궁에서 거행하였다. 비의 아비 민치록을 추봉追封하여서 여흥부원군驪興府院君으로 삼고, 비의 오라버니 승호의 벼슬을 승진陞進시켰다. 대원군이 왕비의 타고난 자질이 영명英明하고 거동이 뇌락磊落함을 보고 마음에 꺼려하였다. 그 후에 왕비가 서간書簡으로써 대원군에게 문안하니 대원군이 그 글을 보고 크게 좋아하지 않으면서

「이것은 여 박사女博士이다.」

하였다. 드디어 점차 틈이 벌어졌으나 왕비는 시아버님인 연고로써 삼가 섬겨서 감히 효도에 모자람이 없었다.

병인년丙寅年에 이상한 모양을 한 배 두 척이 와서 팔미도八尾島에 정박하므로 강화 유수留守 이장렴李章濂이 비장裨將10을 보내 사

---

9 혼례 예식의 하나로서 신랑이 신부의 집에 가서 신부를 맞이하여 신랑의 본집에 와서 교배례(交拜禮)를 거행하는 예식.

정을 물으니 답하기를

「미리견국米利堅國[11] 사신使臣이 통상通商하기를 원한다.」

하였다. 사신이 누구인가 물은즉 누비적錄飛迪[12]이라고 답하였다. 국
서國書가 있는가 물으니 국왕國王을 보고서 바치고자 한다고 답하며,
유수에게 부본副本을 주어서 정부에 바치도록 하므로 유수 이장렴이
조정에 급보하였다. 대원군이 유수를 시켜 답하기를

「우리나라는 바다 방비가 매우 엄하여 외국 배가 들어오는 것을 허
가하지 않는다. 나는 강토疆土를 지키는 신하로서 외국 서신을 전해
서 아뢸 수 없다.」

하고 군사를 풀어 방수防守하여 그들이 진입하는 것을 거절하라 하
였다. 미리견 배는 모두 철판으로 둘러쌌고 위에 큰 대포를 싣고 있
었다. 유수가 군사를 언덕에 주둔시키는 것을 보고서 거절하는 뜻인
줄을 알았다. 갑자기 항구로 돌진해 오므로 광성진廣城鎭 군사가 먼
저 포를 쏘아서 공격했으나 맞지 않았다. 조금 있다가 미리견 배에
서 포를 터뜨려서 소리가 천지를 진동시키니 방수하던 군사가 모두
달아나 버렸다. 드디어 광성·초지草芝·덕적德積 여러 진鎭을 불살
라서 불꽃이 하늘에 치솟았다. 유수 이장렴이 크게 두려워하여 영營
을 버리고 도망하면서 짧막한 편지로 아뢰었다.

「화살 하나도 쏘지 못하고 앉아서 온 성을 잃어버렸습니다. 이로부

---

10 부장(副將) 또는 막료(幕僚).
11 미리견국은 미국을 말하는 것이나, 저자는 병인년에 온 프랑스 함대를
   미국 함대로 오인한 듯함.
12 누비적은 루즈벨트의 취음(取音)인 듯하나 여기서는 프랑스 제독 로오
   즈(Rose)를 가리킴.

터 서울을 침범하면 조석朝夕이 위태한데 도적을 임금에게 보내게 되니 신하의 분의分義가 없어져 버렸습니다. 북쪽을 향해 통곡하며 무슨 말씀도 아뢸 수가 없습니다.」

하였다. 전 판서前判書 이시원李時遠은 퇴직하고 강화 마을에 살고 있었는데 성이 함락되는 것을 보고는 적에게 욕을 당하게 될까 두려워하여 자살하면서 유서를 조정에 올렸다.

대원군은 의정부에서 대신과 한창 회의하는 참인데 마침 사변 보고가 있으니 상하上下가 놀라서 황급하였다. 도성 백성이 오래도록 병란을 보지 못했는데 이때에 이르러 늙은이를 붙들고 어린이를 이끌어서 여러 고을에 피란하며 가구를 운반하느라 길을 메웠고 모든 저자 가게들이 비었다. 대원군이 대신들의 의견을 물으니 일부가 외국사신이 왔으나 당초부터 우리와 사단을 일으키려는 것은 아니니 좋은 말로 답해서 보내는 것이 마땅하다 하였다. 대원군이 이에 마루 기둥에다 크게 적기를

「양이洋夷가 침범했는데 싸우지 않으면 강화講和하는 것이고, 강화하기를 주장하는 것은 나라를 팔아넘기는 것이다[洋夷侵犯非戰則和主和賣國]」

하였다. 드디어 이경하李景夏를 순무사巡撫使로, 이원희李元熙를 순무중군巡撫中軍으로 삼아, 오영五營에서 정예한 군졸 5천명을 선발하고 양화진楊花津에 주둔하였다. 광주廣州 및 선천宣川에다 격서檄書를 전하고, 포수砲手를 모집해서 싸움에 나아가도록 하고, 무기고에 간직했던 불랑기대포佛狼機大砲를 운반하여 바닷가에 배치하였다.

이 무렵에 미국 해군은 육지에 올라 강화에 들어와서 점거하고 있었다. 가주서假主書 한성근韓聖根이 종군하기를 자원하므로 겸차 초관兼差哨官으로 제수除授하여 선천·강계江界 포수를 거느리도록 하였다. 광주 초관哨官 이풍영李豊榮과 군사 2백 명을 합쳐서 어선을 타고 밤에 용진龍津을 건너 강화성 안에 복병하고 있었다. 미국 사람이 밤에는 배를 타고 아침에는 강에 들어오고 하였다. 성근은 적이 남문南門에 들어오는 것을 보고 기다렸다가 일제히 협공하였다. 탄환이 모두 명중하여 적 수십 인을 죽였으나, 적이 에워싸고 진격하게 되자, 적은 많고 우리 군사는 적어서 당해낼 수가 없었다. 용주사龍珠寺로 달아났는데 미국 사람도 군사를 거둬, 돛을 올리고 떠나가므로 우리도 또한 군사를 돌려왔다. 대원군이 이에 군비를 크게 정돈했는데, 기관을 설치하여 대포를 주조하고 화약을 제조하였다. 팔도 광대와 놀량패를 대오隊伍로 편성하여 총포에 대한 기술을 연습토록 하고 난후군攔後軍이라 호칭하여 각 고을에 배치하였다. 서울 동촌東村 백정白丁들은 대오로 편성하여 별초군別抄軍이라 불렀다. 일본 장창長槍을 본뜨고 한 대隊를 편성하여 왜창대倭槍隊라 부르고, 창대에 범꼬리를 달아서 호미창대虎尾槍隊라 이름하기도 하였다. 이때에 정현덕鄭顯德이 동래부사東萊府使로 있었고 안모安某가 훈도訓導였는데, 일본 사람들이 관館을 비우고 모두 철거하였다. 해마다 일본 사람에게 주는 미포米布를 하납미포下納米布라 하며 그 하납이 3년치나 쌓였으나 관의 우두머리가 받아가지 않았다. 대원군이 훈도에게 유시諭示하여 그 하납전下納錢으로 일본군용 총을 매입

하였다.

당초에 나라 법이 환술幻術과 차력借力하는 법을 금하였다. 이때에 이르러 국내에 포고하여 무릇 한 가지라도 기예를 가진 자는 비록 환술이나 차력하는 자라도 자천自薦하도록 허가하고 부국강병富國强兵하는 방책을 바치는 자가 있으면 자격에 구애되지 않고 뽑아 쓴다 하였다. 팔도 각 고을에 준수한 인재를 천거하도록 하여 삼정三政에 대한 폐단을 구제할 방책을 시험했는바, 삼정이란 것은 군정·전정田政·호정戶政이었다. 이리하여 한성근·이렴李濂·이능李能·윤웅렬尹雄烈 등은 차력하는 것으로써 진출하고, 김기두金箕斗·강윤姜潤 등은 교묘한 기계 기술로써 진출하였다. 기이한 계책을 바치는 자가 날마다 운현궁 문간에 잇달았다. 면포綿布가 총탄을 막을 수 있다고 말하는 자가 있으므로 시험하도록 하였다. 면포에 솜을 넣어서 두어 겹으로 만들었으나 탄환을 쏘니 모두 관통되었고, 열두 겹을 쌓으니 이에 뚫고 나가지 못했다. 드디어 면포 열세 겹에다 솜을 넣어서 배갑背甲을 만들고 머리에는 등藤넝쿨로 만든 투구를 쓰도록 하여, 포군砲軍을 훈련시키니 한여름에는 군사가 더위를 견디지 못해서 모두 코피를 흘렸다. 또 학의 깃을 엮어서 배를 만들면 포탄을 맞아도 선체가 가벼우므로 다만 퇴각할 뿐이고 부서지지는 않을 것이라는 말이 있었다. 드디어 사냥꾼을 풀어서 학을 잡아 그 날개를 엮어 모아서 배 하나를 만들고, 비선飛船이라 불렀다. 배에다 아교로 깃을 붙였는데 물에 들어가니 아교가 녹아서 쓸 수가 없었다.

다음해13에 불국 군함佛國軍艦14이 평안도平安道 앞바다를 측량하였고, 불국 전도사佛國傳道師 최난헌崔蘭軒이라는 자가 기선을 타고 대동강에 거슬러 들어왔다. 그때에 박규수朴珪壽가 평안감사로 있었는데, 알리지도 않고 항구에 갑자기 들어온 것을 노하였다. 시초柴草 실은 배를 띄워서 하류쪽을 막고 불을 질러서 달려드니 불국 배에서 포를 쏘며 항거하였다. 그러나 불에 쫓겨서 부벽루浮碧樓 밑까지 피해가다가 옅은 암초에 걸려버렸다. 드디어 뱃사람을 죄다 사로잡아서 죽이고 기선을 빼앗았으나 운전하는 방법을 알지 못했다. 서장書狀을 올려, 보고하고 배를 끌어서 한강으로 보내왔다. 대원군이 김기두金箕斗 등을 시켜 그 제도를 본떠서 철갑선을 만들고, 목탄을 때서 증기를 일으켜 기계바퀴를 운전했으나 선체船體는 무거운데 증기 힘이 약해서 능히 움직이지 않았다. 부수어서 다시 배를 만들었는데 비용이 수집만 냥이고 쌓였던 동과 철이 싹없어져 버렸다. 대원군이 친임親任하여 진수進水시키면서 백성들도 자유롭게 보도록 하였다. 배를 물에 띄우고 불을 댕겨서 기계를 재촉했으나 배의 운행이 극히 더뎌서 한 시간 동안에 겨우 십여 보를 떠갔고, 끝내는 여러 채 작은 배로써 줄을 매어 끌도록 하니 보는 사람이 모두 비웃으며 이런 물건을 장차 어디에 쓸 것인가 하였다. 대원군도 흥이 싹 가시었으나 끝내 후회하는 말은 없었는데 그 후에 배를 깨뜨려서 동과 철은 대포 만드는 재료에 충당하였다.

---

13 다음해는 1887년을 가리키는 것이나 서면호가 내항한 것은 1866년 7월이었다.
14 프랑스 군함이 아니라 미국 상선. 제너럴셔먼호의 착오.

또 수뢰포水雷砲를 제조하고, 왕에게 노량露梁으로 거둥하도록 청하여 친히 사열査閱하도록 했는데 이날에 관람하는 자가 더욱 많았다. 작은 배를 중류中流에다 띄워놓고 포를 장전하여 터뜨리니 강물이 용솟음쳐 십여 길이나 일어나면서, 작은 배가 공중에 치솟았다가 부서져 떨어졌다. 수많은 군중이 일제히 부르짖으며 신기하다 했으나 오히려 비방하는 자가 있어, 「이것이 능히 잎사귀만한 작은 배를 파괴했으나 어찌 능히 큰 배야 깨뜨릴 수 있으리오.」 하였다. 그러나 대원군은 자못 만족한 얼굴이었다.

무진년戊辰年에 불국 군함15이 또 부평富平바다, 팔미도八尾島 앞에다 정박하였다. 경성에 계엄령이 내렸으나 도성 사람들의 소동은 지난날 같지 않았다. 불국 군함이 항구에 진입하였는데 한성근은 문수산성을 지켜서 항거하며 포를 정돈하여 기다리고 있었다. 불국 사람이 육지에 올라올 무렵에 한성근이 성 위에서 총을 쏘아 그들의 군관 두어 명을 죽이고 흰 노새를 타고 있는 자를 죽이니 불국 사람은 시체를 끌고 달아나 버렸다. 배에 올라 드디어 물러가다가 덕산군德山郡에 이르러, 준비 없는 곳을 덮치고 갑자기 남연군南延君의 묘에 가서 무덤을 파헤치는 것이었다. 석회가 굳고 광중壙中이 또 깊어서 관이 아직 들어나지 않았는데, 덕산부사 양헌수梁憲洙가 군사를 거느리고 이르니 이에 가버렸다. 대원군이 그 고을 장계狀啓를 받아, 그 아버님의 묘가 파헤침을 당했다는 것을 듣고 크게 놀라서 장차 경군京軍을 거느리고 친히 가려고 했는데, 조정 논의論議가

---

15 프랑스 군함이 아니고 오페르트 굴총(掘塚) 사건을 말함

간하여서 드디어 중지하였다. 아들 이재면李載冕에게 별초군別抄軍 백 명을 거느리고 가도록 했더니 중도中途에서 적이 물러갔다는 소식을 듣고, 성묘만 하고 돌아왔다. 대원군이 양헌수를 몹시 고맙게 여겨서 곧 발탁하여 경기수사京畿水使로 삼고 여러 번 옮겨서 대장大將으로 삼았다. 상으로 하사한 제택第宅과 금백金帛이 매우 많았다.[16]

　이에서 서교西敎에 대한 금령禁令이 더욱 엄중하였다. 여러 고을에 영을 내려서 무릇 서교 신자는 교敎를 배반하겠는가 안겠는가도 묻지 않고 다 베어 죽였다. 좌우포리左右捕吏로서 옷을 바꿔 입고 가만히 다니는 자가 국내에 쫙 깔려 있었다. 교도들은 깊은 산 속에다 집을 많이 짓고 그 글을 익혔는데 이때에 이르러 거의 다 수색되었다. 무릇 머리를 벨 자는 반드시 군영에 넘겨서 진법陳法을 연습한 다음에 머리를 베고, 장대에 달아서 군중에게 보이는 것이었다. 그런데 교도가 너무 많으므로 번거로움을 줄이고자 하여, 다만 종이로써 그 입과 코를 막아 숨이 끊어지도록 한 다음, 삼태기에 담아서 성 밖에 버렸다. 부인네와 어린아이가 더구나 참혹하였고 또한 원통하게 죽은 자도 있었다.

---

16 당시의 덕산군수(德山郡守)는 이종신(李鍾信)이고 충청도 관찰사는 민치상(閔致詳)이었다. 양헌수(梁憲洙)는 신미양요 때 정족산성에서 미군을 격퇴한 인물이다.

야사씨는 말한다.

서교西敎에 천주교와 야소교耶蘇敎 두 종파가 있다. 시초에는 하나였는데 3백 년 후에 비로소 갈라져서 딴 문파를 하나 세우니 이를 야소교라 한다. 천주교를 구교로 하니 저절로 신교로 명명되었다. 지금 구라파와 아메리카에 성한 것은 모두 신교이고 구교는 드디어 쇠했는데 홀로 노서아魯西亞라는 나라는 전적으로 구교를 신봉한다. 대략 양교의 주장된 교지는 사람의 생명은 상제上帝에게 달렸고 죽으면 반드시 심판을 받는다. 상제가 당초 인간을 만들었을 때에, 사람이 곧 상제의 경계하던 명을 어겼으므로 상제가 노하여 드디어 병들어서 죽는 규례規例를 전했다. 그런데 악마는 상제와 서로 적이어서, 반드시 사람을 죄악에 빠뜨리고자 한다. 이 힘이 매우 커서 사람이 자력으로는 능히 그 유혹을 거절하지 못하므로 필경은 세상이 다 지옥에로 던져지게 되었다. 상제가 민망하게 여기고 그 사랑하는 아들을 하강시켰으니 이를 야소라 한다. 예전부터 전해오는 상제가 경계한 글을 밝혀서 이것으로써 사람들에게 회개하는 도리로 삼도록 권했다. 능히 야소의 말을 믿는 자는 상제가 죄를 면하도록 허가하고 신통력도 주어서 능히 악마의 유혹을 이기도록 한다는 것인데 이것이 서교의 대략이다.

그 교를 믿는 자들은 물로 그 이마를 씻는데 이를 세례洗禮받는다고 한다. 교도를 크게 모으고 포도주를 두루 맛보이고 벽맥병擘麥餅17을 먹이면서 「야소는 신교를 세운 연고로 십자가에 못 박혀서

---

17 밀을 빻아서 만든 떡

죽었다」 한다. 죽기 전에 유언하기를

「이 술은 나의 피요, 이 떡은 나의 살[肉]이다. 내가 죽은 후에 너희들은 이와 같이 갈라 맛보아서 나를 잊지 말도록 하라」

하였는데 이것을 성찬이라 한다. 상시常時에 반드시 기도하여 창조한 은혜에 감사하는데 이것이 서교의 의식이다. 다른 신을 섬기지 말고 다만 상제만 받들며, 우상을 만들어서 절하지 말며, 상제를 지적해서 맹세하지 말라. 제7일에는 공작工作하는 여러 가지 일을 하지 말고, 너희 부모에게 공경하라. 살생을 말며, 간음하지 말며, 도둑질하지 말며, 거짓증거를 꾸미지 말며, 탐욕하지 말라. 이것이 상제의 열 가지 계명이다. 야소가 또 거듭 밝히기를

「마음껏 정성껏 주님을 사랑하라. 너의 신은 곧 상제이다」

하고 또

「이웃을 사랑하기를 너의 몸같이 하라」

또

「남이 나에게 베풀고자 하는 것으로써 내가 남에게 베풀라」

하였는바, 대개 제가 하고 싶지 않은 것을 남에게 베풀지 말라는 뜻인데 인仁에 지나친 것이다. 다만, 한 지아비에 한 지어미를 허가할 뿐이고, 첩 두는 것은 허가하지 않으며, 아내를 가볍게 내치지 못하며 아내를 내치는 데에는 반드시 이혼서離婚書를 주어야 하며, 남의 내친 아낙네에게 장가들지 못하는데 이것이 서교의 법률이다. 그 천당·지옥과 영생永生·영형永刑이라는 말과 열 가지 계명은 불교와 방불한 까닭으로 불교도는 서역의 교가 불교를 표절한 것이라 한다.

대개 서교는 마서麻西[18]에서 기원하였고 마서는 애급埃及에서 나왔는데 상商나라 태무년간太無年間이었다. 야소가 유태猶太에서 출생한 것이 한漢나라 애제哀帝 때이니 그 세기歲紀를 상고하고 연혁을 참고하여 불교와 비교하면 의심이 없지도 않다. 애급과 유태는 모두 인도 이웃에 있으니 지역인즉 서로 인접하였고, 마서는 석가가 탄생하기 전, 다만 사십이장경지四十二章經旨만 있을 때에 살았다. 그러므로 구교의 계명도 또한 사십이장경의 불교 계명을 본떠서 만든 것이다. 부처의 계명이 열 가지인 것은 곧 대승불교大乘佛敎이다. 야소는 석가釋迦가 이미 탄생한 후, 대승불교가 벌써 세상에 전포傳布된 때에 났으므로 마음으로는 구교의 복전福田이라는 말이 피상적인 줄 알았으나 세상에는 신인神人이 장차 세상에 내려와서 인간을 구제한다는 말이 전해오고, 그것을 기대해온 지도 벌써 오래였던 까닭으로, 야소도 구교의 말을 깨뜨려서 사람들에게 실망시키고 싶지 않았다. 그러므로 다만 예전대로 따라서 임시방편으로 인도했던 것이다. 그리하여 가끔 말에 나타나는 것이 대승불교의 뜻이 보였다. 가령 성령이 불 같아서 장차 독실한 신자에게 내리면 곧 대오大悟하는 경지의 묘妙한 상相이 된다. 또 「네가 신이 거처하는 궁전으로 되어, 내가 신에게 있고 신이 나에게 있어, 신과 내가 하나로 된다」라는 것은 곧 마음이 부처라는 뜻이다. 불교는 본성本性을 깨쳐서 부

---

18 모세(Mosheh). 헤브라이 사람. 기원전 14세기 전반기에 났음. 당초에 헤브라이 사람들이 기근을 피해, 애급으로 옮겨 갔다가 갖은 학대를 당했다. 마서가 일족을 이끌고 팔레스타인으로 돌아갔는데 길이 서나산(西奈山)을 경유하게 되었다. 산에 올라갔다가 상제의 명을 받들고 십계명을 창작했는데, 구약성서 출애급기(出埃及記)가 바로 이것이다.

처로 된다 하고, 야소는 신앙信仰하는 마음으로써 신으로 삼는다. 신神과 불佛이 글자는 다르나 뜻은 일찍이 다르지 않는데 이것이 서교의 심오한 뜻이다.

서쪽 변방 사람들은 타고난 성품이 사나워서 모질고 음탕하며 또 온갖 신을 섬기기를 좋아한다. 까닭으로 마서가 시초에 법을 세웠고, 야소가 마침내 계명을 남겼다. 추악한 종족을 변화시켜서 천여 년 후에 이르러서는 문명하고 부강한 것이 천하에 첫째로 되었으니 그 마서麻西와 야소를 성聖으로 삼고 신으로 삼는 것이 또한 마땅한 일이다.

서교가 조선에 들어온 것이 어느 시대부터인지는 알지 못하나 정약용丁若鏞·이강환李康煥·이혜환李惠煥 같은 사람들은 문장과 단아端雅로 세상에 추중推重하는 바였다. 그런데 정씨와 이씨가 서교를 숭봉崇奉하였고, 평소에 정씨·이씨를 숭앙崇仰하던 자들도 바람이 부니 풀이 쓰러지듯 하였다. 이 교가 드디어 정종正宗 때에 드러나게 된 까닭으로, 세상에서는 서교가 조선에 들어온 것은 불과 백여 년이라 한다. 그러나 나는 그 말이 확실한가를 믿지 못한다.

포도아葡萄牙[19] 사람이 일본에 온 지 벌써 저나라 천문天文 10년이었은즉, 지금으로부터 340년 전이었고, 평수길平秀吉 때에 서교가 벌써 국내에 퍼져 있었다. 조선과 일본은 다만 해협 하나를 사이에 두었을 뿐이고, 서인西人들이 교를 선포하는 독실한 뜻으로 수만 리 바다를 넘어서 동양에 왔는데, 어찌 해협 하나를 꺼려해서 서로 바

---

19 포르투갈의 한자 취음(取音)

라보이는 지역에 전도하지 않았겠는가? 이를 말미암아서 추측하면 그 교가 조선에 들어온 것이 적어도 수백 년은 되었을 것이며, 그 전래傳來한 것도 반드시 일본에서 건너왔을 것이다. 또 지금 조선에 있는 것은 모두 천주교 신도이고 야소교 같은 것은 한 사람도 없으니 더구나 그 유래한 것이 오래되었음을 알겠다. 구교는 야소와 그 어미 마리아상像을 숭배하며 신자는 반드시 십자패를 가진다.

사람이 죄를 지은 후에 신부神父에게 가만히 자수하면 사해주고, 임종臨終할 때에 임하여 신부가 생시生時에 숨겼던 죄악이 있는가를 묻고, 다시 향유香油로써 그 몸뚱이에 바른다. 까닭에 세상에는 서양 사람이 사람에게 교를 권유하면서 반드시 환약丸藥을 주어, 그 심장을 변하게 하므로 죽어도 후회하지 않게 되며, 사람이 죽을 때에 그 눈을 빼내어 약에 타서 제조한다는 말이 그릇 전해지고 있으나 어찌 이런 일이 있으리오. 이것은 망령된 말이니 진실로 변명할 것도 못되지마는 신도들이 모두 의연하게 형장에 나아가고, 빙그레 웃으면서 죽음을 받는 자가 이루 헤아릴 수도 없었으니 그 신앙심이 어찌 그리 독실하던가? 부처를 믿다가 몸을 버리는 자는 세상에 많이 볼 수가 없는데 서교의 신도는 수십만 명이 목을 늘이는 자가 발꿈치에 잇닿고, 형刑에 나아가는 자가 낙지樂地에 가는 것 같으니 이것은 교화敎化로써 능히 될 바가 아니다. 반드시 그렇게 되는 연고가 있을 것이다. 까닭에 사람들은 그들에게 심장을 변경시키는 방법이 있다고 하는 것이다. 그러나 내가 서울과 지방 여러 곳을 두루 돌면서 여러 교도를 보니 모두 겉으로는 신봉하면서 남모르게는 어기는 것이었다. 혹은 서양 사람들에게 호구糊口하는 밑천을 바라서, 혹은 이것을 빙자하여 푸른 눈 자색 수염을 가진 사람과 교제交際하는 발판으로 삼는데, 어리석고 천한 백성이나, 서학西學에 정좌正坐하여 한적漢籍을 배우지 않는 자가 많았다. 생각하건대 한 번이라도 공격을 당하면 손을 따라 이산離散하여서 조선의 교도라는 것은 얻어 볼 수가 없게 될 듯하다. 왜냐하면 서양 사람이 처음 조선에 들어온 것을 살펴보면 가만히 의술을 베풀고 남모르게 농사 기술을 가르쳤으며, 그들이 가진 것은 모두 기이한 기구, 묘한 물건이어서 모르는 자가 보고는 불가사의하다고 하였다. 인정人情이란 것이 신기한 것을 좋아하고 부유하기를 원하는 것인즉 시진종표時辰鐘表와 자기광自起礦 따위에 마음이 반했고 또 편작扁鵲20 같은 의술과 탁타槖駝21 같은 양묘술養苗術을 배우고자 하여 재식才識이 높고 학문이 박아博雅한 선비가 먼저 입교入敎하였다. 그리하여 정다산鄭茶山은 의술로써, 이강환은 수학으로써, 남우촌南牛村은 농학으로써 모두 그 정묘精妙함을 얻었다. 그러므로 무지한 백성은 드디어 제반학술諸般學術과 기예가 모두 천주교 서적에 있다하여, 그 신기함을 눈으로 직접 보고는 신앙심이 더욱 확고하여졌다.

혹자는 말하기를

「천주교 전도사는 다만 입으로 가르쳐 줄 뿐이고 신도에게 그 글을

---

20 중국 전국시대의 명의. 성명은 진월인(秦越人). 장상군(長桑君)에게서 의술을 전해 받았고 괵(虢)나라 태자의 급병을 치료하였음.
21 중국고대 사람. 식목술(植木術)에 신통하여서 어떤 나무를 어떤 때에 심어도 어김없이 살려내었다 함. 등이 낙타처럼 굽었다 하여 탁타라 하였다 한다. 〈柳宗元 種樹郭槖駝傳〉

읽는 것은 허가하지 않는다.」

한다. 내가 서양 전도사에게 물으니 전도사가 웃으면서 거짓이라 하였다. 그러나 서양 글자를 보니, 우리나라 사람이 갑자기 읽을 수 있는 것이 아니었고, 그때에 한자로 번역된 것도 또한 드물었다. 소위 신도라는 자도 또한 2약서約書의 뜻을 다 해득解得하지 못하면서 서양 사람에게 현혹되어서 그들의 농락하는바 되어도, 죽도록 깨치지 못하는 것인즉, 그 교를 믿지 않는 자가 그 글 중에 주문呪文과 부적符籍 같은 비전秘傳이 있는가 의심하는 것도 어찌 웃기만 할 것이랴.

병인년에 해구海寇가 침범한 이후로 국태공國太公[22]이 서교 금단을 더욱 엄중하게 하여 살육한 것이 셈할 수도 없다. 나는 그 방지하는 방법을 제대로 못해서 백성을 칼과 도끼에 피칠 하도록 한 것은 정국을 담당한 자로서 차마 할 바가 아니라고 생각된다. 대저 금하고자 하는 자는 먼저 그 금하는 까닭을 분명하게 보여서 어리석은 자는 그 미혹했던 것을 타파하고, 간사한 자는 감히 그 거짓을 부리지 못하도록 할 것이다. 그런 다음에 징계하는 것을 간략하게 보일 것이고 혹독한 형벌은 쓰지 않는 것이 마땅하다. 그리하여 너그럽게 다스리면 거의 번성하게 되지는 않을 것이다.

그 금지하는 까닭을 명백하게 보이는 것은 어찌해야 마땅할까? 서양 사람의 하는 일은 속이고 거짓이 아님이 없다. 스스로 그 교를 배반하면서 남에게 믿게 하고 있다. 대저 그 교는 탐심을 경계하여

---

22 홍선대원군의 존칭.

약소한 나라를 병탄倂呑하고, 살생을 경계한다. 여러 번 병란을 일으키고, 다른 신은 섬기지 말도록 경계하였다. 마리아를 섬기고 우상을 만들지 말도록 경계하였다. 그런데 야소·마리아 및 천사를 모두 그 상像을 만들어서 절하고, 제7일에는 공작하지 말도록 경계하면서 항해하는 기선이 안식일 때문에 바다 복판에 닻을 내렸다는 것을 듣지 못하였다. 이웃 사랑하기를 제 몸같이 하도록 경계했는데 이웃 강토疆土를 병탄했을 뿐 아니라 이에 아편 같은 독약을 지나支那에다 밀수하여서 남은 해롭게, 제 몸은 이롭게 하였는바, 이따위 같은 것은 모두가 스스로 그 교를 배반한 것이다. 한 지아비에게 한 아낙네라는 훈계는 인륜을 끊어지게 하는 폐단을 제어하는 것인 듯하나, 두 딸이 함께 그 아비에게 범했고 일곱 형제가 함께 한 아내에게 장가들었으니 사람으로서 이런 짓을 행한 것은 금수와 다르다 할 수가 없다. 너의 부모를 공경하라는 경계는 효자의 도리를 보인 것 같으나 이에 사람은 그 부모를 떠나서 그 아내와 화합하는 것이 당연하다는 것은 무슨 말인가? 어떤 사람이 오직 아내의 말만 듣고 부모 봉양을 돌보지 않는다면 세상 사람은 반드시 이 사람을 불효하다고 이를 것이다. 그런데 신의 경계에 합치된다는 연고로 상제가 이 사람을 옳다고 하는 이런 이치는 없을 듯하다. 살았을 때에는 예禮로 섬기고 죽으면 예로 장사지내고 예로 제사 드려야 한다. 그런 다음이라야 바야흐로 인륜人倫의 지극한 정情을 다할 수가 있는데 다른 신을 섬기지 말라는 계명 때문에 제사하는 예를 폐한다는 것이다. 이와 같으면 부모가 살았을 때에 떠나서 살며, 죽으면 그 향불

마저 끊는 것이다. 애달프다 우리 부모께서 나를 낳아서 기르신 은혜를 무[烏有]로 돌린다는 것인가? 남의 자식이 된 자가 그 마음에 미안하지 않겠는가? 이상으로 서교가 교훈으로 될 수 없다는 것을 알 수 있으며, 그들이 신봉하는 서적을 따져 보면 오직 신약新約·구약舊約이 있을 뿐인데 구약 중에는 구구절절이 모두 허망하고 떳떳하지 못한 말이다. 구약에 말한, 상제가 남자의 갈빗대를 뽑아서 여자를 만들었다는 것, 뱀이 이브를 유혹했다는 것, 하늘에서 마른 양식을 내리고 바다가 갈라져서 육지로 되었다는 따위와 신약에 말한 야소는 죽음에서 부활하여 육신이 승천하였다는 것과 바람을 불어서 바다를 가르고, 다섯 개의 떡과 두 마리 생선으로 오천 사람을 먹였다는 따위는 비록 삼척동자라도 이런 말로써는 속여 넘길 수 없는데, 하물며 총명하고 사리에 통달한 사람에 있어서랴. 또한 천문天文·산술算術·농학農學·의학醫學·기계機械·물리物理 등 학문이 야소 당시에는 한두 가지도 일찍이 발명되지 않았던 것이다. 그런즉 오늘날 서양 여러 나라의 진보된 기술은 그 교와는 조금도 관계가 없다.

만약 이런 것을 익히고자 하는 자는 관숙官塾에 입학하여 배움으로써 가하다 하겠다. 해금海禁을 크게 터서 교역하는 길을 넓힌 다음, 후한 예물로써 서양 사람을 맞이하여 사민四民23에게 기예를 교수하도록 하면 온 나라 안에 어두운 곳이 없어져서 속이고 미혹한 종교가 행하지 못할 것이다. 내가 보니 서교가 기초를 잡는 것은 오

---

23 사(士)·농(農)·공(工)·상(商)

로지 아첨하기만 일삼아 분별없는 부인네의 성품에 맞추어 그 뜻이 극히 교묘하였다. 대개 부인네는 본디 남자가 제어하는 것이지마는 능히 남자를 농락하는 것도 곧 부인이다. 세상에 칩복蟄伏한 무리가 능히 새벽 닭 울음에 안 어울리지 못하는데, 부인을 말미암아서 남자에게 교로 유혹하는 것이 첫째였다. 부인네는 성질이 편벽되고 또 화복禍福에 관한 말을 좋아하여 능히 고집하고 변할 줄 모르므로 그 교를 독실하게 믿도록 하는 것이 둘째이다.

무엇으로써 부인네에게 아첨한다고 보겠는가 하면 「한 지아비에 한 지어미」라는 말은 투기하는 계집이 기뻐하는 것이며, 어버이를 떠나서 아내와 합한다는 말은 불효한 며느리의 즐겨 듣는 말이다. 서양 사람이 전도한다는 명목을 빙자하고 내륙지방에 깊숙이 들어와서 남의 집 안방에 숨어, 사정을 정탐하고 가만히 반란을 도모하여 이 백성을 미혹시키고 그 뿌리를 박으니, 정국을 담당한 자가 어찌 김매듯하여 그 종자를 없애지 않겠는가? 그러나 잡고자 하는 자가 먼저 놓아주고, 그 범람하는 것을 방지코자 하는 자는 먼저 소통시키는 것이다.

위에 말한 바가 금령禁令을 풀어 통상을 하며 스승을 초빙하여 기예를 교수한다는 것이 곧 놓아주고, 소통시키는 방법이다. 형살刑殺을 교육으로 대신하는 것은 곧 군자君子의 정사이다. 천하의 대세를 알고 오늘날에 알맞은 것을 본 다음, 저쪽의 단점을 버리고 장점을 취해서, 백성을 이용후생利用厚生의 방도로 지도하면 나라는 거의 다스려질 것이니, 지혜도 여기에 벗어나지 않는다.

그윽이 탄식하는 것은 대로大老가 배우지도 못했고 학술도 없는데 천주교 신도가 불행하게 그의 금망禁網에 걸렸으니 동곽東郭에 추추 啾啾거리는 귀신 울음이 슬프구나.

8. 경복궁 중건과 내정개혁

　새 궁궐이 완성되자 다시 육조아문六曹衙門 및 모든 관사官舍를
수리하고 드디어 창덕궁昌德宮에서 새 궁궐로 이사하였다. 대원군이
입궐할 때마다, 매우 만족하게 여기며 조정 신하들에게 이르기를
「지금 조정에 벼슬하는 자가 복이 많다. 아침저녁으로 장대화려壯
大華麗한 지붕 밑에서 제군諸君은 어찌 쾌하지 않은가?」
하였는데 듣는 자가 비웃었다. 대원군이 음양풍수설陰陽風水說[1]을
믿어서 새 궁궐이 예부터 자주 화재를 당하는 것은 모두 관악이 불
형체이면서 안산案山[2]으로 된 데에 연유한다 하여, 이에 흰 돌로써
물짐승 형상을 새겨서 궁문 앞 양쪽에다 두었다. 또 관악산 제일 꼭
대기에다 우물을 파고, 구리로 만든 용을 우물에다 넣어서 화기를
진압하였다. 또 비기秘記[3]에 정씨가 이씨를 대신한다는 것이 있고,
서로 전해오기로는 공주公州 계룡산鷄龍山이 정씨의 도읍지로 된다
하므로 도읍을 옮겨서 승勝한 기운을 누르고자 하였다. 역부役夫를
동원하여 터를 닦으면서 땅을 파는데 돌 주추가 매우 많이 발견되었
다. 와전된 말로는 공중에서 「여기는 정씨의 천년 도읍터인데 침범
하는 자는 반드시 큰 화가 있다」는 사람의 말이 있었다 한다. 대원
군은 그 말이 요망한 것인 줄 알았으나 재정財政이 모자라서 완성하

1 음양오행설(陰陽五行說)에 근거를 두고 묏자리나 집터를 잡는다는 학설.
　풍수지리설(風水地理說).
2 집터나 묏자리 바로 앞에 마주 보이는 산
3 길흉과 화복에 대한, 예언을 기록한 문서. 참서(讖書) 또는 도참(圖讖)이
　라 하기도 한다.

기 어려움을 생각하고 드디어 중지하였다.

이보다 앞서 석경루石瓊樓 옛터를 수리하여 대원군의 별장으로 하면서, 호를 옥천玉泉이라 하는 모 판서判書에게 그 역사役事를 감동監董하도록 명하였다. 공사를 개시하던 날, 땅 속에서 그릇 하나를 주웠다. 구리로 만들었고 소라[螺] 형상이며 푸른빛이 옛되면서 윤택한데, 곧 술잔이었다. 안쪽에는 시 한 수 새기기를

「화산도사華山道士의 소매 속 보배로 동방東邦 국태공에게 헌수獻壽한다. 청우靑牛가 열 번 도는 백사절白蛇節에, 봉토封土를 개발開發하는 이, 옥천옹玉泉翁이라.」

하였다. 그 판서가 조정에 올리므로 문신을 시켜 해독하니

「청우는 을축乙丑인데 지금 을축년까지는 꼭 10년이고 백사는 신사辛巳로서, 이때가 바로 팔월이며 열어 본 사람의 호가 옥천이니 바로 비기의 말과 일치한다. 대원군이 태공太公의 위位로서 공덕이 훌륭하여 위로 도참圖讖과 합치하니 하례賀禮를 올려서 경사를 칭송하는 것이 마땅하다.」

하였다. 왕이 옳게 여겨서 잔치를 베풀고 여러 신하를 거느리고 대원군에게 축하를 올렸다. 수진보작가壽進寶酌歌를 지어서 풍악에 올리고 잔을 권했다. 이날에 대원군을 높여서 대원위大院位라 하고 그 후에 또 높여서 대로위大老位라 하니, 나라 사람이 마음속으로 비방하여 흥선군을 흉선군凶鮮君이라 했는데 이때에 미치어 서로 이르기를

「역리易理에 노양老陽은 능히 변화하지 못한다는데 대로라고 일컬

으니 혹 실정失政할 것인가?」

하였다. 비기에 또 「만인萬人에게 실패한다」라는 말이 있어, 대원군이 마음으로 걱정하여 가만히 주의하고 있었다. 합천陜川 해인사海印寺에 이름이 만인萬忍이라는 중이 있었는데 절에 간직한 대장경 전부를 수선코자 한다고 대원군에게 말했다. 대원군이 수만금을 주었더니 만인이 움켜쥐고 도망쳐 버리니 사람들이

「기이하게 맞혔다」

하였다.

어떤 사람이 말하기를

「비기에 만인을 죽여야 이에 편하다.」

라는 말이 있었으므로 대원군이 그 말을 믿고 드디어 크게 살육하여 만이라는 숫자를 채웠다 한다. 또 비기에

「오백 년 만에 혁명의 조짐이 있다」

하였으므로 이에 국정을 일신하여 그 조짐에 대응코자 하여 나라 안에 영을 내려서 무릇 헌장憲章과 복제服制를 모두 예전대로 회복시켰다. 다시 의정부議政府를 정돈하고 비변사備邊司를 폐지하며 삼군부三軍府를 설치하여 현임 상장上將으로 그 직위를 겸무兼務하도록 하였다. 강화부江華府를 승격시켜서 진무영鎭撫營으로 만들고 유수留守를 진무사鎭撫使로 삼아서, 문무관이 그 임무를 교대토록 하였다. 별도로 건장하고 용맹스런 자를 모집하여 예속隸屬시키면서 별효사別驍士라 하고 통제사統制使의 위계位階를 올려서 외방外房에 등단登壇4하는 것같이 하였다. 다시 무산戊山·후주厚州 등 네 고을을

설치하고 백성을 옮겨서 개척하였다. 당초에 청국 숭덕황제崇德皇帝가 조선과 맹약盟約을 정하면서 변경 네 고을을 철폐하여, 만주와 경계가 멀도록 했던 것이다. 이때에 이르러 대원군은 고을을 없애서 땅을 비우는 것이 보장保障하는 방법이 아니며, 우리나라는 중국의 울타리와 같은데 흥경興京5을 방위하는 데에 허술하게 할 수가 없다 하였다. 이런 뜻으로써 말을 만들어서 요동에다 자문咨文6을 보내고 또 북경병부北京兵部에도 아뢰어서 드디어 윤허允許를 얻고 고을을 설치하여 백성을 옮겨 예전같이 하였다.

또 무장武將이 약해서 병비兵備가 떨치지 못한다는 것으로써 이에 무신의 가마 타는 것을 금단하고 공사간 출입에 모두 말을 타도록 하였다. 서반재상西班宰相7들이 평소부터 말타기를 익히지 않았으므로 괴롭게 여기지 않은 이가 없었다. 또 만주에서 말을 사들여서 부유한 백성에게 한두 필씩 기르도록 했는데 그 집 살림을 계산하여 말을 맡기는 데에 차등 있게 하였다. 무릇 말을 맡기면 겸해서 사양飼養하는 군졸軍卒도 붙여서 주는데 군졸이 의세依勢해서 토색討索하는 것이 많았다. 부유한 백성이 큰 고통이어서 뇌물을 바치고 모면하다가 가끔 파산하게 되는 자도 있었다.

일찍부터 국가에서 유현儒賢을 중대重待하니 조야朝野의 유명한

---

4 대장(大將)이 임명장(任命狀)을 받기 위해 단에 오르는 것.
5 중국 만주 요령성(遼寧省) 신빈현(新賓縣) 서쪽에 있다. 청나라 태조가 도읍했던 곳이므로 흥경이라 하였다.
6 중국 각 관청과 왕복하던 문서.
7 조회(朝會) 때에 무관(武官)들은 서쪽 반열(班列)에 섰음. 그리하여 무반(武班)을 서반이라 하며 서반재상은 무신(武臣)으로서 재상이 된 사람.

학자가 죽은 뒤에는 그 제자들이 서원을 세워서 제사하였다. 그 무리 중에 명망이 있는 자를 뽑아서 그 일을 주장하도록 하고, 한가한 날에 모여서 경전을 강론講論하여 글방 같았다. 감사監司가 조정에 상주上奏하여서 원院 이름을 하사下賜하게 되면 사액서원賜額書院이라 한다. 그리하여 화양동서원華陽洞書院과 미수서원眉叟書院 같은 곳은 봄·가을에 제미祭米를 하사하여 그 제에 이바지하였다. 사액을 받지 못한 것은 사립서원私立書院이라 하는데, 대개 주자朱子8가 창설한 백록동서원白鹿洞書院의 예例를 본뜬 것으로서 송시열宋時烈의 서원은 우암서원尤菴書院이라 한다. 화양동서원과 만동묘萬東廟가 더욱 번성하며 나라 안에 편만遍滿하여 고을마다 서원 하나씩은 거의 있다. 그 외의 서원도 또한 수효를 헤아릴 수가 없으며 선비들이 깃드는 숲으로 되었다. 당초에는 다만 도의道義를 강론하다가 점차 조정의 정사를 평론하게 되었다. 한 사람이 먼저 외치면 여러 사람이 소리를 같이하며 격문檄文을 나라 안에 전하여 수십 일 동안이면 다 둘러지는데 명칭을 유통儒通이라 한다.

　무릇 조정에서 벼슬 하나를 제배除拜하여 그 사람이 여러 사람의 바람에 흡족하지 못하면 논의가 비등하여 드디어 막혀서 제배하지 못하는데 이것을 청의淸議라 하였다. 그런 연고로 대신과 종척宗戚들도 모두 절조節操를 힘써서, 오히려 청의에 용납되지 못할까 두려워하였다. 그 후에는 드디어 사사 원한으로 각자 패가 갈려서 서로 공격하여, 일진일퇴하니 조정이 마치 밀물과 썰물 같았다. 이것이

---

8 송나라의 대성리학자 주희(朱熹)를 높여서 부르는 말. 자(字)는 원회(元晦), 호는 회암(晦菴) 또는 고정(考亭).

우리나라에 당파黨派가 생겨난 시초로서 먼저 동인東人과 서인西人이라는 명호名號가 있었고 이것이 보태어져서 남인南人과 북인北人으로 되었다. 또 보태어져서 대북大北·소북小北으로 되었다가 그 후에 동인·서인과 대북은 모두 없어지고 따로 노론老論과 소론少論이라는 명목名目이 첨가되었다. 오늘에 이르러서는 오직 노론·소론과 남인·소북이 있어 사색四色이 대립하고 있다. 그러나 노론이 홀로 성하고 소론이 그 다음이고, 남인과 소북은 숨만 겨우 남았을 뿐이다. 송시열이 노론의 원조가 되는 연고로 그의 서원이 더구나 많았다. 영종英宗 이후로부터 선비들이 조정 정사를 논평하는 것을 허락하지 않고 풍화風化에 관계되는 것과 선사先師[9]에 대한 일이 아니면 선비들의 상소上疏는 허락하지 않아서 청의라는 것이 드디어 유행하지 못했다.

그러나 조정에서 매양 당쟁을 조정하여 관직을 제수코자 하면 반드시 세 사람을 주의注擬[10]하며 세 사람은 반드시 네 당파에서 평균하게 뽑는 것으로써 예例로 삼았다. 그리하여 선비로서 네 당파의 자손은 비록 글을 몰라도 스스로 사족士族으로 행세하며 마을에서 제멋대로 행동하였다. 시골 백성을 억압하여 밭을 갈지 않고 베를 짜지 않으면서 의식衣食이 풍족한데 모두 백성의 살림을 박탈剝奪한 것이었다. 앉아서 사환仕宦을 취하고, 고관과 결탁하여 법률이 그 몸에 미치지 않으며 포교捕校가 그 문간에 들지 못한다. 평민이 그

---

9 별세한 스승. 전대(前代)의 현인(賢人)을 지칭하는 것이 되기도 한다.
10 어떤 관직에 결원, 또는 정기 이동 때에 그 관직에 적당한 자격이 있는 자 세 사람을 적어서 임금에게 결재를 구하는 일.

노여움에 부딪치면 종[奴]을 보내 묶어다가 채찍으로 고문하며, 오형五刑11을 갖추기도 하는데 관官에서 금지시키지 못하고 당연한 것인 양 보아 넘긴다. 백성으로서 사족士族을 욕한 자가 있으면 관에서 귀양 보내는 율律을 매기고, 심한즉 사형死刑에 처하기도 하니 백성이 사족을 두려워하여 귀신같이 섬긴다. 곡식을 바치고 얻은 지방 관직官職은 3품 관직을 가진 자라도 서생書生에게 엎드려서 절하여 노예와 같았다. 이것은 조선 사족의 크나큰 폐단으로서 천하만국에 없는 것이다. 사족이 있는 곳마다 평민을 못살게 하지만 그 가장 심한 것은 서원書院에 모여 있다. 간통簡通 하나를 띄워 먹 도장을 찍은 다음 고을에 보내서 서원 제수돈[祭需錢]을 바치도록 명령한다. 사족이나 평민을 물론하고 그 간통을 받으면 반드시 주머니를 쏟아야 한다. 그렇지 않는 자는 수원에 잡아다가 혹독한 형벌로 위협하는데, 화양동서원 같은 곳은 그 권위가 더구나 강대하여 그곳 간통을 화양동 묵패지墨牌旨라 하였다. 백성들이 이미 탐학한 아전에게 시달리는데, 다시 서원 유생儒生들에게 침략 당해서는 모두 살아날 수가 없어, 원망을 쌓고 이를 갈아도 하늘만 처다볼 뿐이었다.

대원군이 남인南人 집에서 태어나 노론老論 집 후사後嗣로 출계出系했는데, 이런 폐단을 통절히 징계하였다. 이에 영을 내려서 나라 안 서원을 죄다 허물고 서원의 유생들을 쫓아버리도록 하였다. 감히 항거하는 자는 반드시 죽이라 하니, 사족이 크게 놀라서 온 나라 안이 물 끓듯 하였고 대궐 문간에 나아가 울부짖는 자도 수십만이나

---

11 중국 고대 주나라 때 다섯 가지의 형(刑). 얼굴에 글자[刺字]를 넣는 것, 코베기, 발뒤꿈치 자르기, 불알까기, 죽이기.

되었다. 조정에서는 어떤 변變이라도 있을까 염려하여 간하기를

「선현의 제사를 높이는 것은 선비의 기풍을 기르는 것이니 이 명령만은 거두기를 청합니다.」

하니 대원군이 크게 노하여

「진실로 백성에게 해되는 것이 있으면 비록 공자孔子가 다시 살아난다 하더라도 나는 용서하지 않겠다. 하물며 서원은 우리나라 선유先儒를 제사하면서 곳마다 도둑의 소굴로 된 것이리오.」

하였다. 드디어 형조와 경조京兆의 나졸羅卒들을 풀어서, 궐문에서 호소하는 선비를 강 건너로 몰아내 버렸다. 여러 고을에서 모두 두려워하여 감히 영을 거행하지 못했는데 대원군이 먼저 한 고을 원을 파면시키고 중한 벌을 시행하니, 이에 여러 도道에서 전율하여 일시에 서원을 허물어 버렸다. 다시 팔도에다 암행어사를 보내, 사족으로서 백성을 침해한 자가 있으면 그 몸에 죄주고, 그 살림을 몰수하니 호세豪勢한 집들도 숨을 죽이고 감히 나쁜 짓을 하지 못하여 백성이 춤추고 칭송하는 소리가 천지를 진동시켰다.

또 국제國制로 인정人丁에 대한 세를 신포身布라 하는데 충신忠臣과 공신功臣의 자손은 모두 신포의 면제를 받고 이 법이 시행된 지가 이미 오래되니 턱없이 면제된 자가 매우 많았다. 근래에 와서는 무릇 사족이란 자는 모두 신포를 바치지 않고 그 모자라는 액수는 반드시 평민에게 덧붙여 받아서 보충하는 것이었다. 대원군이 동포洞布라는 한 법을 세워서 가령 한 동리에 2백 호가 있으면 매호每戶에 붙어 있는 호戶가 약간씩 있는데, 정밀하게 밝혀내서 계산하고,

신포를 고르게 징수하니, 예전에는 면제되던 자라도 신포를 바치지 않을 수가 없게 되었다. 조정 논의는 이 법을 저지하면서

「만약 이와 같이 하면 국가에서 충신과 공신을 포장襃奬하는 후한 뜻이 아닙니다.」

하였다. 대원군은 듣지 않으면서

「충신과 공신이 이룩한 사업도 또한 종사宗社와 생령生靈을 위한 것이었다. 지금 그 후손이 면세 받는 연고로 평민이 상례常例를 벗어난 부담을 하게 됨은 충신의 본뜻이 아니다. 만약 그들의 영령이 있다면 어찌 이런 등의 포상에 스스로 편케 여기겠는가?」

하고 드디어 단연 시행하였다.

또 지방행정으로 환자還子[12]에 소모消耗분을 받는 법이 있었다. 그 법은 매년 봄에 고을 관원이 백성에게 곡식 종자를 주었다가 추수 후에 새 곡식을 받아들이는 것인데 환자라 한다. 무릇 미곡을 내고 들이는 동안에 반드시 흘러서 새고 흩어져 떨어지는 것이 있으며, 반드시 쥐와 새로 인해 손실되는 것이 있다. 이런 연고로 도로 받아들일 때에는 한 섬마다 한 되를 더 거두며, 이것을 모耗라 한다. 대개 대차貸借하는 데에 이자가 있는 것과 같은데, 다만 명칭만 다르게 한 것이다. 세월이 오래되니 모조耗條로 받은 액수가 원곡 액수보다 많아지기도 하였다. 창고 지키는 관리와 장부 정리하는 아전이 기회를 엿보고 농간하여서 문서에는 허 액수만 기록되어 있고, 창고 안에는 한 낱 곡식도 없게 되었다. 한 아전이 혹 수십 만 섬을

---

12 봄에 차용했던 관곡(官穀)을 가을 추수 후에 갚는 것. 환곡(還穀)이라 하기도 한다.

포흠逋欠[13]했으나 수령守令은 뇌물 먹은 것이 재갈 물리듯 하여 우물쭈물 덮어나갈 뿐이었다. 흉년이 들거나 혹 군사를 일으키는 일이 있어도 굶어 죽는 송장을 앉아서 보고, 구제할 만한 곡식이 없으며 연달아 격서檄書를 받아도 운반할 만한 쌀이 없다. 이렇게 말하기 어려운 걱정이 있으므로 현령縣令은 대개 2년 만에 직을 교체하고 3년 만에 직을 떠나니 장구한 계획을 하는 자가 없고, 구차스럽게 눈앞만 미봉할 뿐이다. 혹 한 번 해보려고 하는 자가 있으면 간활한 아전이 문득 근거도 없는 말로써 중상하여서 마침내 그 관직에 그대로 있지 못하도록 한다. 대원군이 팔도 감사에게 엄하게 단속하여 먼저 창고의 실수實數를 점검하고 다시 포흠된 액수를 조사하여 천석 이상을 포흠한 자는 목을 베고 천석 이하인 자는 해도海島에 귀양 보냈다. 영을 내린 후에 겹쳐, 암행어사를 보내서 정탐하는 자가 목과 등이 서로 바라보일 정도였다. 고을에서 감히 숨기지 못하고 모두 실제 수량대로 기록해서 올리고 포흠한 아전을 가두어서 조정 명령을 기다렸다. 그 중에 포흠한 것이 950석 내지 990석인 자가 있어, 유사有司가 사형을 면해 주고자 하니 대원군이 말하기를

「법이란 가벼운 데로 따르는 것도 적당한 시기가 있다. 이번 영인 즉 중점이 법을 시행하는 데에 있고 법을 따르는 데에 있지 않다. 90석과 100석 사이는 겨우 10석이다. 포흠한 이전이 비록 그 살림을 다 내어서라도 10~20석은 보상할 수가 있어서 1000석 수효를 줄인 것이니 그 간활함을 알 수가 있다.」

---

13 관곡이나 관전(官錢)을 유용해서 축낸 것.

하고 드디어 다 베어 죽이도록 명하였다. 여러 고을에서 크게 놀라고, 포흠한 아전의 친척과 친구들이 영을 듣고는 모두 기구를 팔며, 비녀·패물 따위도 팔아서 다투어 관에 바쳐서 울부짖으며 그 죽임을 늦추도록 청하였다. 현관縣官도 그 액수가 차기를 기다렸다가 보고하니 대원군이 사형을 면하도록 허가하였다.

이로 말미암아 죽는 자는 얼마 없고 창고는 모두 가득하였다. 다시 고을에 명하여, 여러 동리와 면에다 창고를 설치하도록 하고 명칭을 사창社倉이라 하였다. 백성에게 가까운 창고에서 환자를 받고 바치도록 하니 곡식을 실어 나르는 수고를 덜게 되고, 흉년을 만나면 사창 있는 곳에서 진휼賑恤하게 되니 상하上下가 다 편리하게 여겼다.

삼반三班의 예식禮式14을 고쳐 정하고 대전회통大典會通15을 정리하며, 춘관통고春官通考16 천여 권을 교정하고 본조本朝의 고사를 편찬하였다. 다시 의복제도를 고쳐서 갓은 작게, 소매는 좁게 하였다. 흰 가죽신과 비단가죽신 신는 것을 금하고, 죄다 검은 가죽신을 사용하도록 하였다. 조정 관원이 예전에는 모두 구슬갓끈을 달았고, 왼쪽 뺨 옆에서 감아 매었는데 이때에 와서 갓끈을 끊어 짧게 하고 턱밑에 합쳐서 곧게 드리우도록 하였다. 선비와 평민은 또한 칠한 대나무나 혹은 나무열매로써 갓끈을 하는 것은 허가하되 깁을 사용

---

14 백관의 체례(體禮), 상견례(相見禮), 좌피의(座避儀), 하마의(下馬儀), 승마조례(乘馬條例) 등의 의례(儀例)를 기록한 것.
15 대전회통을 편찬한 이후 90년간의 임금의 명령과 규칙 및 격식을 수록한 책.
16 조선시대 역대 예조(禮曹)의 모든 규례를 기록한 책.

하는 것은 허가하지 않았다. 조복에 예전에는 바닥이 평평하고 신코에 분칠한 목화木靴를 신었는데 코를 뾰족하게 고쳐서 군화軍靴같이 하였다. 의정부議政府·종친부宗親府·내각內閣의 아전은 모두 자색紫色 실띠를 매고 작은 칼을 띠 위에다 차도록 하여서 다른 아문衙門과 다르게 표하고, 정원政院 아전은 예전부터 청색단령靑色團領을 착용했으므로 그 제도를 그대로 하였다. 오직 정원 하예下隸는 녹색첩이綠色帖耳를 입고 남백전대藍帛纏帒의 띠를 두르며, 내각內閣 하예는 청색첩이를 입고 녹색전대의 띠를 두르며, 의정부 하예는 담청색淡靑色첩이를 입고 청색실띠를 매었는데 종친부 하예도 또한 같게 하였다.

예전 예例에 관기官妓는 판여板輿를 타고 깁 장옷으로 전신을 감싸면서 낯만 내어 놓았다. 창녀娼女는 감히 판여를 타지 못해서 관기와 구별하였는데 풍속이 점점 문란해져서 관기와 창녀를 거의 식별할 수가 없게 되었다. 관기와 창녀가 모두 난교煖轎를 타며 안경을 쓰고 실로 수놓은 신을 신었는데, 이때에 이르러 다 금단하여, 예전대로 판여를 타고 검은 신을 신도록 하였다. 기생의 머리 얹는 것은 본래 객客의 뜻에 따라 풍족하기도 박하기도 했는데, 대원군이 백 스무 냥으로 정하였다. 무릇 기부妓夫[17]로 되는 자는 두어 종류가 있다. 각전各殿의 별감別監·포도청군관捕盜廳軍官·정원사령使令·금부나장禁府羅將에서 각 궁가宮家와 왕실의 외척外戚 집 청지기 및 무사武士를 제외하고는 모두 기둥서방이 되지 못하였다. 대원

---

17 기생이나 몸 파는 여자들의 영업을 돌보아 주면서 얻어먹고 지내는 사내. 기둥서방.

군이 금부와 정원 하례는 다만 창부娼夫가 되는 것을 허가할 뿐 관기의 주인이 되는 것은 허가하지 않았다. 관기 중에 아름다운 자를 뽑아서 번을 돌려가며 운현궁에 와서 모시도록 하고 대령기생待令妓生이라 불렀다. 무릇 마을의 화류계花柳界 사정을 대원군이 일일이 관리하니 사람들이 모두 두려워하고 꺼려해서 감히 기생을 청하지 못하고 기생도 또한 불편하게 여겼다. 부호富豪한 선비가 교외에 놀이하면서 혹 창녀를 데리고 가면 대원군이 알고, 사자士子의 명예를 더럽혔다 하여 잡아다가 옥獄에 가두어 버리니, 조신朝臣들이 모두 그 일 좋아함을 비웃었다.

판서 김유연金有淵이 본디 강직하였다. 일찍이 대원군을 알현하는데 예전대로 구슬갓끈을 감고 있었다. 대원군이 이르기를

「공은 어찌해서 갓끈을 짧게 드리우지 않았는가?」

김이 말하기를

「짧은 갓끈이 국가 일에 무슨 큰 관계가 있습니까?」

하니 대원군이 매우 좋아하지 않으면서

「관계가 있고 없는 것은 우선 고사하고 조정의 영을 어찌 봉행하지 않는 것인가?」

하고 인해 시종을 불러 자기 갓과 구슬 끈을 가져다주면서 바꿔 쓰기를 청하였다. 김은 즐거하지 않으면서

「어른 앞에서 어찌 갓을 벗을 수 있겠습니까?」

드디어 하직하고 가버렸다. 김이 일찍이 약원제조藥院提調[18]로 있을

---

18 약원은 내의원(內醫院)의 별칭. 제조는 어떤 관직의 대리격인 종1품 관직.

때에 이재면李載冕이 황黃씨 성을 가진 자를 의원으로 채용하도록 청촉請囑하였으나 김이 응종應從하지 않았다. 사자使者를 재삼 보내서 간청하므로 김이 그 사자를 꾸짖어서 돌려보냈다. 이재면이 매우 불평한 마음을 품고 아버지인 대원군에게 고하여 김을 혜민서19제조惠民署提調로 옮기고 송근수宋近洙를 양원제조로 삼고 드디어 황가를 의원으로 보임補任하였다. 김이 그 연고를 알고 크게 노하여 대원군에게 가서 보고 책망하기를

「공이 의원 하나를 청촉했다가 시행하지 않는다는 것으로 재상의 직을 옮겨버리니 무슨 체통이 되겠습니까? 소인小人은 휴가休暇를 청코자 하여 삼가 직명職名을 돌려 바칩니다.」

하고 드디어 소매 속에서 사표를 내어 놓았다. 대원군이 만류하면서

「그런 것이 아닐세. 방금 국가에 진연進宴하는 의식儀式이 있어 기악妓樂을 선발하는 중이라 선발에 들 만한 자가 온갖 계책으로 모면하려 하여 청촉이 몰려드는데, 송근수는 성품이 나약하여 그들의 청촉을 능히 물리치지 못할 것이나 공같이 강직하면 이런 염려는 단연코 없겠기로 송과 서로 바꿔서 혜민서 제조로 삼은 것일세.」

하였다. 김이 발끈하면서

「공의 말씀 같으면 소인을 기생 두령頭領으로 삼는 것입니까? 재상宰相이 비록 비루하나 이런 무리의 일에 어찌 간여하겠습니까?」

하니 대원군이 몹시 부끄러워하였다. 이에 노하면서

「이것은 나를 기롱하는 것이다.」

---

19 조선시대 때 가난한 백성의 질병을 무료로 치료하던 관청.

하고 소매를 떨치며 안으로 들어가서 오래도록 나오지 않았다. 김도 드디어 하직하지 않고 돌아와서, 사직하고 집에 들어앉아 열흘을 지나니, 대원군이 사람을 대신 보내서 사과하므로 김도 이에 뜻을 돌렸다.

　대원군이 해학諧謔을 좋아하였다. 무릇 고귀한 조신으로부터 사서士庶까지 문하門下에 출입하는 자에게는 모두 별명을 붙여주어서 인품人品을 평하는 뜻을 나타내었다. 김세균金世均은 낯이 얄팍하므로 편대扁台라고 이르고, 조영하趙寧夏는 키가 크므로 장대長台라고 일렀다. 이돈영李敦榮은 성품이 엄정하므로 한수석寒水石이라 하였으니 그 차가움을 말한 것이었다. 이런 경우가 매우 많았는데 모두 그 사람의 행동·용모와 꼭 같으니 듣는 자로서 절도絶倒하지 않는 이가 없었다. 객客이 오면 문지기가 아무 객이 왔다고 알리는데 이름을 말하지 않고 별명을 불렀다. 김세풍金世豊이란 자는 나이 60 남짓하고 평민 씨족이면서 살림이 부유하였고 잡직雜職 벼슬 2품에 이르렀다. 대원군과 아주 친한 것으로 되어 해학과 희롱이 이르지 않는 곳이 없고 이것을 낙으로 삼았다. 김세풍은 본디 아첨하고 부끄럼 없는 무리로서 턱 지시指示를 받는 것이 세도가勢道家의 헌데를 빨아주는 것보다 더 비루하였다. 최치성崔致成이란 자는 개 짖는 소리, 닭 우는 소리를 잘 흉내 내어서 대원군이 모두 총애하였다. 세풍은 백구사白鷗詞를 잘 불렀다. 대원군이 일찍이 세풍에게 이르기를

「그대가 능히 심암상공心菴相公에게 가서 백구사를 창하겠는가?」

하였는데 심암은 조두순趙斗淳의 아호雅號였다. 세풍이 어려울 줄 알면서 일부러 응해서

「능히 하겠습니다.」

하였다. 대원군이 말하길

「네가 만약 부르지 못하면 반드시 곤장 열 대를 쳐서 기망欺罔한 죄를 징계하겠다.」

하였다. 세풍이 두려워하여 드디어 심암의 집으로 갔다. 그때에 심암은 수상직首相職을 사퇴하고 한가하게 살고 있었다. 세풍이 마루에 올라도 적적하여 사람이 없는 듯하였다. 시자侍者에게 대원군이 보내왔다는 뜻을 알리니 심암이 들어오도록 명하였다. 세풍이 지게문을 열고 조공趙公을 보니 흰 수염을 드리운 여원 얼굴로 책을 대하고 앉았는데 기상이 단정하고 엄숙하였다. 세풍은 땀이 등을 적셨다. 감히 백구사를 창하지 못하고 세 번이나 지게문에 나갔다가 다시 들어오고 하였다. 심암이 눈을 들어 한참 보다가

「출입이 어찌 그리 잦는가?」

하였다. 세풍이 크게 두려워하여 마침내 입을 떼지 못하고 돌아와서 복명復命하기를

「소인이 곤장 백 대를 맞을지언정 조공 앞에서는 감히 백구사를 창하지 못하겠습니다.」

하였다. 대원군이 크게 웃으면서 심암에게 위의威儀 있음을 암암리에 탄복하였다.

　또 세풍에게 당 앞에서 객을 맞이하여 객의 이름을 부르도록 하

였다. 누가 오면 이름을 불러서 「아무는 탈이 없겠는가?」 하였고, 대관과 고관도 모두 기꺼이 응낙하여 주공主公이 시킨 것으로 알았다. 판서 이돈영李敦榮이 오니 세풍이 꺼려해서 이름은 감히 부르지 못하고 겨우 그의 자字를 부르며 아무씨는 탈이 없는가 하였다. 돈영이 크게 노하여

「천한 사람이 어찌 감히 무례한가?」

하였다. 드디어 당에 오르지 않고 바로 돌아가서 사람을 시켜 세풍을 부르는 것이었다. 세풍이 크게 놀라서 대원군에게 구원해주기를 청하였다. 대원군이 사자를 보내

「이것은 내가 시킨 것이니 세풍을 용서해주기를 청한다.」

하였으나 돈영이 듣지 않고

「공은 어떤 사람이건대 이에 조신朝臣의 체면을 이와 같이 거꾸로 되게 하시오. 세풍을 죄주지 않으면 나는 맹세코 조정에 서지 않겠소.」

하였다. 대원군도 어떻게 할 수가 없어 드디어 세풍을 전라도에 귀양 보냈다. 그런 다음에 사과하였고 월여月餘를 지나자 이돈영도 또한 세풍을 사하도록 청했다.

참판參判 민승호閔升鎬가 운현궁에 나아가니 대원군이 최치성과 자리를 함께 하고 있었다. 치성이 마음에 흐뭇하여 안경을 쓰고 긴 담뱃대를 빨면서 대원군의 곁에 앉았는데 의사가 매우 거만스러웠다. 그때에 1품 빈객들은 모두 영외楹外에 앉아있었다. 승호가 방에 들어가서 보니 백발노인 한 사람이 대원군과 자리를 같이했는데 누

군지 알 수가 없어 매우 괴이쩍게 여겼다. 대개 삼공三公도 감히 원합院閤과 대등한 예로 하지 못하는데 하물며 자리를 같이하는 것이리오. 조금 있다가 대원군이 그 사람에게 이르기를

「존장尊丈이 이 소년을 알겠소.」

그 사람이 말하기를

「누구요?」

대원군이 말하기를

「이 사람이 치구致久씨의 아들이오.」

하고 인해서 승호에게 절하도록 명하니 승호는 「예」하며 일어나서 매우 공손하게 절하였다. 그 사람이 놀라 여러 번 눈을 닦고 승호를 눈여겨보며 나이가 몇인가 하였다.

「서른 남짓합니다.」

「무슨 벼슬을 하는가?」

「참판입니다.」

「내가 너의 부친과 죽마고우였는데 산야山野에 움츠린 이래로 오래도록 너의 부친과 만나지 못했다. 지금에 이와 같은 아름다운 아이를 두었던가? 치구씨는 참으로 복이 많은 사람이다.」

하였다. 옆에 오도록 명하니 승호는 명을 받들어서 오직 삼갔다. 그 사람이 갑자기 승호의 귀에다 개 짖는 소리를 크게 하였다. 승호는 하도 뜻밖이어서 크게 놀라 거의 거꾸러질 뻔 하였고 바야흐로 최치성인 줄 알았다. 온 좌석에 배를 움켜잡지 않는 이가 없었고 민은 매우 좋아하지 않으면서 돌아갔다. 원합은 항상 그의 장인 민치구閔

致久를 탈 것이 타지 않았다고 일렀는데, 부대부인도 그 뜻을 알지 못하여 일찍이 물었더니 원합이 말하기를

「탈 만한 것可燒者은 타지 않고 타서는 안 될 것이 도리어 탄 것을 탈 것이 타지 않았다는 것이오.」

하니 부대부인도 또한 기뻐하지 않았다.

하룻밤에는 종이전에서 불을 내어서 종루鐘樓가 연소延燒되고 종鐘이 땅에 떨어지기도 하였다. 아울러 청포靑布·마상馬床 여러 전廛이 불탔는데 삼영문 대장이 병정을 거느리고 가서 구원하였다. 대원군도 화재 소식을 듣고 또한 직접 종루 아래 길에 앉아서 화재 구원을 지휘하였다. 여러 저자 사람을 불러서 소화 당한 자를 위문하였는데 마상전 상인 등에게

「춘구春具(남자의 성기)는 태우지 않았나?」

하고 물었다. 그때에 불구경을 하던 자가 담 두르듯 했는데 이 말을 듣고 웃는 소리가 우레 같았는바, 원합의 골계滑稽를 좋아함이 모두 이런 유였다. 대관을 대하거나 천예賤隸를 대하거나 간에 조금도 한계가 없으며 존귀함도 비천함도 구별하지 않고 문득 희롱하는 말을 썼다. 이것으로써 소민小民의 마음은 깊이 얻었으나 사대부士大夫는 더럽게 여겨서 가만히 탄식하지 않는 이가 없었다.

대원군이 모아들이기를 좋아하면서 선물하는 풍습은 미워하였다. 의성부사義城府使 아무가 김치 열 독을 공궤供饋하였는데 대원군이 말하기를

「이것은 무슨 진기한 물품이기에, 천리길에 운반하여 선물값을 하

는 것인가? 이런 풍습은 자라나게 할 수 없다.」

하고 드디어 그 부사를 형장刑杖쳐서 변경지대邊境地帶에 귀양 보냈다. 성천부사成川府使 아무는 면주綿紬 5백 필을 선물했는데 또한 죄주어서 파면시키고 여러 고을에 포고하여 후일을 징계하였다. 오직 공공연하게 수령들에게 징수하여 공용에 보충하니, 논의하는 자는, 원합의 이런 거조擧措는 저공狙公이 원숭이에게 도토리[芋] 갖다 주던 식20이어서, 백성에게 무익할 뿐이라 하였다.

<근세조선정감 상권 끝>

---

20 중국 춘추시대 송나라 사람 저공(狙公)이 원숭이를 사랑하여 기르는데 자꾸 번식하여 먹이를 감당하기가 어려웠다. 그래서 원숭이에게 도토리를 갈라 주면서 아침에 셋, 저녁에 넷을 주겠다고 하니 원숭이들이 크게 성내었다. 그러면 아침에 넷, 저녁에 셋 주겠다고 하니 원숭이들이 좋아하였다는 고사. <열자황제편(列子黃帝篇)>

其對大官與賤隷小無畦畛不別尊卑輒用戲語以
此深得小人之心而士大夫鄙之無不竊相歎息大
院君好聚歛而惡苞苴之風義城府使某饋沉菜十
甕大院君曰此何等珍物而數千里運輸以充苞苴
此風不可長也遂杖其府使流於邊地成川府使某
饋綿紬五百匹亦罪黜之布告郡縣以懲後来惟公
然取於守宰者補於公帑議者以院閤此舉為狙公
賦芋無益於民而已、

近世
朝鮮政鑑卷之上終

人也命來就其側外鎬承命惟謹其人忽附耳大聲
作狗吠外鎬出於意外大驚幾顛仆方知爲崔致成
一座無不捧腹閱甚不悦而歸院閣常謂其妻父閣
致久爲燒不燒府大夫人不觧其意嘗問之院閣曰
可燒者不燒而不宜燒者反燒之是謂燒不燒府大
夫人亦不悦一夜紙廛失火延燒鍾樓鍾墜於地并
燒青布馬床諸廛三營大將率兵丁往救犬院君聞
之亦親至鐘樓下坐於路指揮救火招諸市人被燒
者撫慰之問馬床廛商人等曰得不燒春其平時觀
者如堵聞是語笑聲如雷院閣之好滑稽皆此類而

月餘李敦榮亦請赦世豐焉、參判閔外鎬詣雲峴宮、
君引崔致成與同座、致成會意掛眼鏡、啣長烟管坐
君之側意甚倨傲時一品賓客列坐梱外外鎬入室、
見有一白髮老人與君同席不知為誰甚疑怪蓋三
公亦不敢與院閣抗禮況同座乎、已而大院君謂其
人曰尊丈知是少年否其人曰誰歟君曰此致久氏
之子也因命外鎬拜之、外鎬唯而起拜其甚恭其人驚
屢拭目熟視外鎬問年幾何、曰三十餘歲曰何官曰
參判曰吾與汝父為竹馬之交自蟄處山野以來久
不與汝父相會今乃有如此佳兒乎致久氏真多福

世豊大懼竟不骸開口而歸復命曰小人寧可受百
大棍不敢唱白鷗詞於趙公前也君大笑暗服心卷
之有威儀又令世豊迎客於堂前而呼客之名其至
則呼曰某無恙大官貴官皆欣然應諾知主公之所
使也判書李敦榮至世豊憚之不敢呼名僅呼其字
曰某氏無恙敦榮大怒曰賤人何敢無禮遂不外堂
而逕歸使人招世豊世豊大驚乞救於大院君々使
使告曰是我使爲之請恕世豊敦榮不聽曰公何人
而乃顚倒朝紳若是乎不罪世豊則吾誓不立於此
朝大院君無奈何遂竄金世豊於全羅道然後謝過

友嘲謔玩弄無所不至以此爲樂金世豊本阿諛無

恥之徒承奉頤指甚於吮癰崔致成者善效狗吠鷄

鳴大院君皆寵之金世豊能唱白鷗詞君嘗謂世豊

曰爾能就心菴相公唱白鷗詞乎心菴趙斗淳號也

世豊知其難而故應之曰能君曰爾若不能則必與

以十大棍懲欺誑之罪世豊懼遂往心菴時心菴

辭首相閒居世豊升其堂寂然若無人告侍者以大

院君遣來之意心菴命之入世豊開戶見趙公白鬚

臞容對卷而坐氣像端嚴世豊汗浹於背不敢唱詞

出戶復入者三心菴舉目熟視曰何其出入頻煩也

舉耳金怫然曰、如公所教、則以小人爲妓生頭領乎、

宰相雖鄙薄、何乃干預此輩之事、大院君甚慚乃怒

曰、是譏我也、拂袖入內、良久不出、金遂不辭而歸辭

職、閉門句日、大院君情人謝過、金意乃觧、大院君喜

諧謔凡朝臣之貴顯者、以至士庶出入門下者、皆與

以綽名、寫其評品、金世均面區薄謂之區台、趙寧夏

身長謂之長台、李敦榮性嚴正、謂之寒水石、言其令

也、此類甚多、皆酷肖其動止容貌、聞者無不絕倒、客

至閤者告其容至不告名、而以綽名有金世豐者、年

六十餘、民族而家富官雜職、至二品、大院君與爲狎

長者之前乎遂辭而去金嘗爲藥院提調時李載冕

囑一黃姓者以醫員金不從再三遣使懇請金叱其

使以還之李載冕甚懷不平告於父大院君而遷金

爲惠民署提調以宋近洙爲藥院提調遂補黃姓於

醫員金知其故大怒往見大院君責曰公以一醫囑

托不行之故遷轉宰相之職成何體統乎小人欲乞

骸骨謹奉還職名遂從袖中出辭表草稿大院君止

之曰非然也方今國家有進宴之儀將選女伶而入

選者皆百計圖免請囑沓至宋近洙性懦弱不能却

其請如公鯁直斷無是患故與宋相換爲惠署之提

妓夫、大院君令禁府政院之隸、只許爲娼夫、不許主
宮妓、選妓之佳麗者、輪番來侍於雲峴宮、稱曰待令
妓生、凡閭巷花柳事情、大院君一々管理人皆畏憚、
不敢邀妓、亦不便之、富豪之士或遊郊外、潛携娼
女、大院君知之、以爲鄙褻有汚士子之名、悉捕下於
獄、縉紳皆匿笑其好事、判書金有淵素鯁直嘗謁大
院君、依舊卷珠纓大院君曰、公何不短其纓而垂之、
金曰短纓有何大關係於國家事乎、君甚不悅、曰姑
捨關係之有無而朝廷之令何可不奉行、因呼侍者、
取自已之笠與珠纓、請換之、金不肯、曰豈可脫冠於

異於他衙門、政院吏舊著青團領、故仍其制、惟政院

隷衣綠帖耳、帶藍帛纏袋、內閣隷衣青帖耳帶綠纏

帶、議政府隷衣淡青帖耳帶青絛帶宗親府隷亦如

之舊例、官妓乘板輿、以樊帛長衣蒙首至身、而露其

面娼女則不敢乘板輿、以別於官妓、風俗漸紊官妓

娼女幾無識別、而妓與娼皆乘煖轎掛眼鏡穿絲繡

之履、至是皆禁之、使依舊乘板輿、而穿黑鞋、妓之纏

頭本隨客意、而豊廉大院君定以一百二十兩、凡為

妓夫者有數種、除各殿別監捕盜軍官政院使令禁

府羅將以至宮家戚里之傔人及武士外、皆不得為

滿額以狀聞、大院君亦許其免死由是死者無幾、而
倉庫皆滿矣、復命郡縣設倉於諸坊面、名曰社倉令
民就近糴糶以省運輸之勞遇凶荒則就所在以賑
恤、上下便之改定三班禮式修大典會通校正春官
通考千餘卷撰集本朝故事復改衣服之制小其笠
窄其袖禁穿白皮鞋及錦鞋悉用黑皮鞋、朝官舊皆
用珠纓卷結於左頰、至是斷其纓而短之合於頷下、
而直垂之士民亦許以漆竹或木實爲纓不許用帛
朝服舊用平底粉臭靴改以尖臭如軍靴議政府宗
親府内閣之吏皆帶紫方絛帶珮小刀於帶上以標

院君嚴飭八道監司先點撿倉庫之實復查逋欠之
額有通千石以上者斬其首千石以內者竄配海島
令旣下重疊遣暗使偵者項背相望郡縣不敢隱皆
錄實數以上之囚通吏以待命其中有逋九百九十
五石以至九十石者有司欲免之大院君曰法之從
輕皆有時宜令之令則歸重在於行法不在於導法
九十石之去百石纔十石通吏雖傾其產可以補償
一二十石得減於千石之數其奸猾可知矣遂命盡
斬之諸郡大驚通吏之親戚故舊聞是令皆賣器具
簪釵細衣餙爭輸於官而號泣請緩其死縣官待其

年春縣官給民穀種、至秋成糶以新穀曰還子凡米

糶糴必有流漏散落積倉必有鼠雀之耗損故糴還

時每一石多收一升曰耗米蓋知貸借之有利子但異

其名也積歲月則耗米之額浮於原額而倉吏簿香

因緣為奸簿冊之上只有虛額倉庫之內曾無一粒

一吏或通欠數萬石縣令鉗制於賄賂因循掩護至

歲凶荒或有軍興則坐視餓莩無穀可賑連捧撤書

無米可運有難言之憂縣令繼二年而遞職三歲而

去職無有長遠之計者而苟且彌縫於目前而已或

欲有為者則奸吏輒蜚語以傷之終不久於其官大

豪家屏息不敢肆惡百姓鼓舞頌聲震地又國制人
丁之稅名爲身布忠勳之裔皆免其身布而行之既
久濫冒其多至近代凡士族皆無身布其欠缺之額
必移徵於民以爲補充大院君立一法曰洞布假令
一洞有二百戶每戶有寄戶若干精覈計算均收身
布昔之免稅者無不納布朝議沮之曰若如此者非
國家襃獎忠勳之厚意大院君不聽曰忠勳事業亦
爲宗社生靈今以其裔孫免稅之故民荷格外之重
擔非忠臣之本意若其有靈豈自安於此等襃賞乎
遂斷然行之又地方之政有還子取耗之法其法每

聊生蓄怨切齒仰天而已、大院君生於南人家出繼
老論家之嗣、痛懲是弊乃下令悉毀國內書院逐院
儒敢拒者必殺之士族大驚闔境鼎沸諸關門號泣
者數十萬朝廷恐其有變諫曰崇先賢之祀所以培
養士氣乞收其命大院君大怒曰苟有害於民者雖
孔子復生吾不恕之況書院乃祀本邦之先儒而所
在為盜藪乎遂發刑曹京兆之卒盡驅闔關之士於
江外郡縣皆畏縮趑趄不敢奉令大院君先黜一縣
官施以重罰於是諸道戰慄一時毀撤書院復聳暗
使於八道有士族之侵民者則即罪其身而沒其產、

怒則遣奴縛致於庭鞭撫拷掠備以五刑官不能禁、

視爲當然民有詬辱士族者官擬以竊配之律甚則

置於死民畏士族之如鬼神雖有高才卓行之人非

士族則不能爲官而若納粟土職雖帶三品銜者拜

伏於書生如奴隸焉此朝鮮士族之鉅弊天下萬國

之所無者也、士族所在侵虐平民而其最甚者集於

書院發一簡捺以墨印送於郡縣令納書院祭需錢

無論士民奉其簡則必傾囊倒橐否者捉致於書院

脅以酷刑、如華陽洞書院其威權更大謂其簡曰

華陽洞墨牌吉民既苦於貪吏復見侵於院儒皆不

大北皆滅、而別添老論少論之目、至今日惟有老論
少論南人小北四色角立、然老論獨盛少論次之南
人小北僅存喘息而已宋時烈爲老論之祖故其書
院尤多自英宗以後不許士子之評議朝政非關風
化者及先師之事則不許士子之上疏清議遂不行、
而朝廷毎調停黨爭欲除一官則必擬以三人三人
必均取於四黨之中以爲例於是士子之爲四黨裔
族者雖目不知書自命爲士族横行閭里武斷鄉曲
不耕不織衣食豐足皆剥奪於民而坐取仕官結連
貴顯法律不及於其身緝捕不入於其門平民觸其

書院盖倣朱子白鹿洞書院之例而宋時烈書院曰
尤菴書院華陽洞書院及萬東廟尤盛遍於國內每
州縣殆有一書院其外書院亦不計其數爲章甫棲
息之藪初但講論道義漸至評判朝政一人先唱衆
口同聲傳檄國內數旬皆遍名曰儒通凡朝廷有一
除拜而其人未洽衆望則論議沸騰遂至格塞不得
除拜是謂清議故大臣宗戚亦皆磨礪節操猶恐不
容於清議後遂以私怨各樹旗鼓互相攻擊一進一
退朝廷之上如潮汐此本邦黨派之始也先有東人
西人之名增爲南人北人又增爲大北小北後東西

此為辭移咨遼東且奏北京兵部遂得免請設郡植

民如故又以武將文弱兵備不振乃禁武臣之乘轎

而公私出入皆乘馬西班宰相素不習鞍無不苦之

又購馬匹於滿州令民之富厚者家畜一二匹計其

家產授馬有差凡授馬兼賜芻養卒卒倚勢多勒索

富民大苦納賄圖免往々破產先是國家重儒賢朝

野名儒死後其弟子建書院以祀之選其徒之有名

望者主其事而眼日會集講究經典如嶽麓監司上

奏於朝賜以院號則曰賜額書院如華陽洞書院眉

叟書院春秋賜粢以供其祭其未蒙賜額者曰私立

萬歲攬之而逃人以為奇應或有言者曰讖言殺萬
人乃安大院君信之遂大行殺戮以充萬數又讖有
五百年革命之兆乃欲一新國政以應其兆下令國
中凡憲章服制盡復古例復修議政府廢備邊司設
三軍府以現任將相兼其職墜江華府為鎮撫營留
守為鎮撫使文武官交代其任別慕壯勇以屬之曰
別驍士墜統制使位階如外登壇例復置茂山厚州
等四郡徙民開拓初清崇德帝定朝鮮約廢邊疆四
郡俾遠於滿都至是大院君以為廢郡曠地非保障
之道我邦為中國藩屏不可虛踈於興京之扞衛以

開封人是玉泉翁某判書上于朝令文臣解云青牛
乙丑也今距乙丑正十年白蛇辛巳也時正八月開
封之人號玉泉正應讖語大院君以太公之位勳德
巍々上應圖讖宜獻賀稱慶王可之設宴率群臣獻
賀於大院君製壽進寶酌歌被管絃以侑觴是日尊
大院君爲大院位後又尊爲大老位國人腹誹之以
興宣君爲凶鮮君及是相謂曰易理老陽不能變化
稱爲大老其或失政乎又有讖曰敗於萬人大院君
心患之密注意焉陜川海印寺有僧名萬忍說大院
君欲修繕寺中所藏大藏經全部大院君與數萬金

自古頻災皆由於鶴岳以火軆爲崇山故乃雕白石、
爲水獸形置於宮前左右又鑿井於鶴岳最高頂納
銅龍於井以鎮之又以讖書有鄭氏代李之兆相傳
公州鷄龍山爲鄭氏之都欲移都以壓勝發役夫開
基堀地得石礎甚多訛言空中有人言此鄭氏千年
之宅犯者必大禍大院君知其爲妄而念財政匱乏
難於告成遂止、先是修石瓀樓故址以爲大院君別
墅命其判書號玉泉者董其役開工之日得一器於
土中銅製螺形綠色古潤乃酒爵也內刻一詩云華
山道士袖中寶獻壽東方國太公青牛十廻白蛇節、

防其泛濫先疏通之、上所言開禁通商聘師授藝
者、乃縱之々道也代刑殺以教育即仁人君
子之政而識天下之大勢觀今日之時宜捨彼之
短取彼之長導民以利用厚生之道國其庶幾矣
智不出於此竊歎大老之不學無術而不幸罹於
禁綱悲夫東郭啾々之鬼、

新宮告成復修六曹衙門及諸官舍遂自昌德宮移
御於新宮大院君每入闕意甚自得謂廷臣曰仕於
今朝者福矣朝夕出入於輪奐藐之下諸君豈不
快乎聞者竊笑之大院君信陰陽風水之說以新宮

之教不行矣予觀西教之立基礎專事阿諛苟合
於婦人之性其意極巧黠蓋婦人本為男子所制
而骪籠絡男子者乃婦人則世上雌伏之徒不能
不喝和於晨鷄之鳴由婦人而誘男子以教一也
婦姓偏僻又好禍福之說而骪固執不移使之篤
信其教二也何以見其教媚於婦女曰一婦之說
妬婦所喜而離親合妻之說不孝婦之所樂聞也
西人藉傳道之名深入內地潛於人家閨房之中
偵探事情陰圖不軌扇惑斯民植其根株當局者
安可不鋤之而絕其種乎雖然欲操者先縱之欲

而究其所奉之書惟有新約舊約二約之中、句々
皆誕妄不經之說如舊約言上帝取男脇為婦人、
蛇惑夏娃天雨乾粮海分成陸之類、如新約言耶
蘇由死復生肉身登天及呵風怀海五餅二魚饋
五千人之類、雖三尺童幼、不可以此說瞞著況聰
明達理之士乎至若天文算術農醫機械物理之
學耶蘇當時亦不曾發明其一二、則今日泰西諸
藝之精進少無涉於其教若欲習此者宜入官塾
以學可也云、而大開海禁廣交易之路厚幣西人
教授四民之藝則一國之內無幽暗之處而誑惑

似制辭倫敗俗之弊而二女共犯其父七兄弟同
娶一妻人而行此不可謂別於禽獸也敬爾父母好
之誠似示以孝子之道而乃云人當離其父母好
合其妻何哉有人於此惟婦言是聽不顧父母之
養世必謂此人為不孝而以合於神之誠故上帝
則視此人為義恐無是理也生事之以禮死葬之
以禮祭之以禮然後方盡人倫之至情而以勿事
他神之戒故廢烝嘗之禮如是則生離其父母死
絕其香火哀我父母劬勞之恩歸於烏有為人子
者不憬然於其心乎以上可見西教之不可為訓

者先明示其禁之々故俾愚者破其迷黠者不敢
售其詐然後略示懲戒不宜用酷刑而緩以治之
則庶不至蕃熾也其明示以禁之々故當奈何曰
西人所為無非詭詐自背其教而令人信之夫其
教戒貪而吞併弱國戒殺而屢興兵端戒勿事他
神而事馬利亞戒勿造偶像而耶蘇馬利亞及天
使則皆造其像以拜之戒革七日勿工作而未聞
航海之濾艇以安息日故下碇於洋中戒愛鄰如
己而非惟吞併鄰疆乃密輸鴉片毒藥於支那害
人利已如此類皆自背其教者也一夫一婦之訓

南牛村以農學皆得其精妙無知之氓遂以其諸
般學藝皆在天主教書中而目擊其奇信之尤確
或言天主教師但以口授不許信徒讀其書余問
於西師西師笑之以為誣然西字本非邦人之急
辛可讀而其時譯以漢字者亦家々所謂信徒亦
不能盡解二約書之義而被眩惑於西人為其籠
絡至死不悟則不信其教者之疑其書中有呪符
秘傳抑何足笑哉國太公以丙寅海寇之後嚴西
教之禁殺戮無算余以為不得其防遏之法而使
亦子賣於刀斧非當局者之所可忍為夫欲禁之

化之所能致其必有所以然故人以為有換腸之
術然余遍歷中外諸邦觀諸教徒皆陽奉陰違或
仰糊口之資於西人或藉此以為交際碧眼紫髯
之梯而率多愚夫賤民及正坐西學不習漢籍者、
意其一擊之下、應手叛散而如朝鮮之教徒者恐
不可得見何哉察夫西人初入朝鮮密施醫術潛
教農藝而其所携帶皆奇器妙製不知者見之以
為不可思議人情好奇而求富則已心醉於時辰
鐘表自起礦之類復欲得扁鵲橐駝之術高才博
學之士先入其敎如丁酉山以醫李康褻以數學

而渡且只令朝鮮所在皆天主教信徒如耶蘇教
無一人尤知其由來舊矣舊教拜耶蘇及其母馬
利亞之像信者必持十字牌而人有罪密自首於
神父則赦之死時神父臨終叩其生時有隱惡更
以香油塗其體故世俗訛傳以為西人誘人以教
必與凡藥易其心腸俾至死不悔而臨人之死則
其目和製其藥豈有是哉是妄固不足置辯而信
徒皆毅然就刑死爾受戮者不可勝計何其信
之篤耶信佛而有捨身者世不可多見而西教之
徒數十萬人、延頸接踵赴刀鋸如趨樂地此非教

聖爲神亦可也、西敎之入朝鮮不知始自何代而
如丁若鏞李康寰李惠寰等以文章博雅爲世所
推丁李崇信西敎素仰丁李者風靡草偃此敎遂
顯於正宗之世故世以爲西敎入朝鮮不過百餘
年然余不能信其確焉葡萄牙人之來日本已在
彼天文十年距今三百四十年前而至平秀吉之
時西敎已滋蔓國內朝鮮與日本只隔一海峽以
若西人布敎之銳志駕數萬里之海而來東洋豈
憚一海峽而不傳道於相望之地乎由是推之知
其入朝鮮者少不下數百年而其来亦必從日本

福田之說為皮相而世傳神人將降世救人企望
已久故耶蘇不欲破棄舊說以失人望而但因其
貫導以方便然往々流露於言外者示佛大乘之
義如曰聖靈如火將降於篤信者即悟境之妙相
也曰爾為神所居之殿我居於神々居於我神與
我為一者即心是佛之義佛以覺性為佛耶蘇以
信心為神々與佛字異而意未嘗不同此西教之
奧義也西鄙之人賦性猛烈貪殘好溢又好溢祀
故摩西立法於始耶蘇壹誠於終變化獷俗以至
千餘年後文明富強甲於天下其謂摩西耶蘇為

婦不許有妾勝勿輕出妻出妻必與以離書勿娶
人所出之妻此西教之法律也其天堂地獄永生
永刑之說與夫十誡彷彿釋教故釋徒直以為剽
竊西域之教盖西教源起於摩西摩西出於埃及
在商太戊之年耶蘇生於猶太在漢哀帝之時考
其歲紀參以沿革較諸釋教則未嘗無疑焉及
猶太皆在印度之中以地則相隣接而摩西在釋
迦未生之前只有四十二章經旨之時故舊教之
誠亦倣四十二章經之佛誡為十即佛之下乘也
耶蘇在釋迦已生之後大乘已傳之世心知舊教

食之曰耶蘇以立新教故釘於十字架而死々之
前遺言云此酒乃我血此餅乃我肉我死後爾輩
宜如是分嘗之俾無忘吾是名曰聖餐常時必祈
禱感謝造化之恩此西教之儀文也勿事他神只
奉上帝勿造偶像以拜之勿指上帝為誓第七日
勿為工作諸事敬爾父母勿殺勿姦淫勿盜勿作
僞證勿貪是為上帝之十誡耶蘇又申明之曰盡
心盡精盡誠而愛主爾之神即上帝又曰愛鄰人
如已又曰以欲人之施於已者已施於人蓋已所
不欲勿施於人之意而過於仁者也只許一夫一

教大凡兩教宗旨以人之生命係乎上帝死則必
受審判上帝初造人時人即違上帝所誡之命上
帝怒遂定以病死之例而惡魔與上帝為敵必欲
人之陷於罪惡其力甚大人不能自拒其誘惑竟
使舉世盡投地獄上帝憫之降其愛子曰耶蘇甲
舊來所傳上帝誡命之書而勸人以悔改之道能
信耶蘇之說者上帝許其免罪而授以神力俾能
勝其魔誘此西教之略也信其教者以水洗其頂
名曰授洗禮大會教徒而遍嘗葡萄酒擘麥餅以

於是益申嚴西教之禁下令郡縣凡係西教信者不
問其能背教與否盡行誅殺左右廳捕吏變服潛行
者布滿城內教徒多築室於深山絕壑以習其書至
是搜索殆盡凡斬首者必付軍營練陣法而梟首揭
竿縱衆觀之教徒既多欲省其煩費但以紙塞其口
臭以絕息然後盛於草蕢棄諸城外婦孺尤多慘殘
亦有寃枉者

野史氏曰西教有天主教耶蘇教二門其始為一
而三百年後始分立一懺曰耶蘇教以天主教為
舊教而自命為新教至今盛於歐羅巴及亞美理

八尾島前洋京師戒嚴而都人之騷動已不如前日
矣佛艦進至海門韓聖根守文珠山城拒海口整砲
以待佛人將上陸韓聖根從城上發銃斃其軍官數
人殺一乘白騾者佛人曳屍而走上舩遂退去至德
山郡襲其不備猝至南延君墓掘其塚石灰堅穴且
深未及見棺而德山府使梁憲洙以兵至乃捨之而
去大院君淂州狀聞其父墓被掘大驚將率京軍親
赴之朝議皆諫止遂遣子李載冕領別哨軍百人而
去中途聞賊已退但省墓而還大院君甚德梁憲洙
即擢為京畿水使屢遷至大將賞賜第宅金帛甚厚

大瀛力微弱不能運動毀而更造艦成費數十萬武
庫銅鐵爲之一空大院君自臨試入水令百姓縱觀
艦既入水進火催機而艦行極遲一時分間纔離十
餘步終以衆小舟繫纜曳之觀者皆竊笑此物將用
於何處大院君甚敗興然終無悔言後令破毀以銅
鐵充鑄砲之料又製水雷砲請王臨幸露梁親閱之
是日觀者尤衆泛小艇於中流沈砲發之江水湧起
十餘丈小艇騰空粉碎而墜萬衆齊呼詫爲神奇而
猶有誹笑者曰是能破一葉小艇耳豈能攻破巨艦
哉然大院君頗有得色戊辰佛國軍鑑又泊富平海

堪其熱皆流鼻噉又有言以鶴羽編為舡遇砲丸則

舡体浮輕但退却而不致傷損遂大發獵師捕鶴編

集其羽製一舡名曰飛艇舡用膠粘羽下水膠便融

解不能用翌年佛國軍艦測海於平安道有佛國傳

道師崔蘭軒者乘小溆艇溯入大同江時朴珪壽為

平安監司怒其不告而闖入海口發積柴艇遇其下

流縱火逼之佛國艇發砲以拒為火所逼避至浮碧

樓下擱於淺礁遂悉擒舟人殺之奪其溆艇不知運

用之法以狀奏聞而曳艇送至漢江大院君使金箕

斗等傚其制造甲鐵艦以木炭蒸溆運機輪艇躰重

本米布曰下納米布下納積三年額館首不曾受去
大院君諭訓導以其下納錢買日本軍用銃初國法
禁幻術及借力之法至是布告國內凡有一藝者雖
幻術借力者許令自薦有獻富國強兵之策者不次
擢用令八道郡縣舉俊才試三政捄弊之策三政者
軍田戶三政也於是韓聖根李濂李能尹雄烈等以
借力進金箕斗姜潤等以機巧進獻奇計者日踵接
於雲峴之門有言綿布可禦銃丸令試之綿布夾纊
作數重射皆洞貫累至十二重乃不透遂以綿布
十三重夾纊為背甲頭戴藤塊以練砲軍盛夏軍不

自願從軍、授兼差哨官、率宣川江界砲兵與廣州哨
官李豐榮、合兵二百人、乘漁舟夜渡龍津、伏於江華
城中、米人夜上艦、朝入城、聖根伺敵入南門齊起夾。
攻尢皆命中、殺敵數十人、敵圍擁而進、衆寡不敵走
龍珠寺、米人亦撤兵揚帆而去、我亦班師、大院君乃
大修武備、設局鑄巨砲、製硝藥、以八道俳優遊藝之
屬編伍、演砲技、號曰攔後軍、分布州郡、以京東村屠
戶編伍、號曰別哨軍、倣日本長鎗編為一隊、號曰倭
鎗隊、鎗幹懸虎尾、名曰虎尾鎗隊、是時鄭玄。錫為東
萊府使、安其為訓導、而日本人皆空館撤歸、歲饋日

遠退職居江華村見城不守恐為賊所污自殺以遺。

書上於朝大院君方令大臣會議於議政府適變報

至上下驚惶都民久不見兵火至是扶老挈幼避亂

於諸州縣搬運家具道路填塞市壓皆空大院君問

大臣之意或言外國之使來初非與我開兵端者宜

善辭荅以送之大院君乃大書於廳柱曰洋夷侵犯、

非戰則和、主和賣國遂以李景夏為巡撫使李元熙

爲巡撫中軍選五營精銳五千人、屯揚花津傳檄廣

州及宣川召募砲兵赴戰運武庫所藏佛郎機大砲、

分置沿海米國海軍上陸入據江華假注書韓聖根

置於濟州　常曰圭齋大憍倖已爲泉下客若今日在
者吾必擢其骨云　圭齋南秉哲之甥也　三年過密之
期已終將立王妃初布令簡擇而府大夫人之弟閔
升鎬出　繼其族閔致禄之嗣致禄有女年方十六通
達書史有閨秀之譽府大夫人薦於大王大妃且謀
於大院君曰國朝秉世道之權皆戚臣盖以近幸故
自然耳若與閔家爲國婚則閔我親家必不奪李家
之權雖見奪不亦勝於他人乎大院君不肯曰君家
升鎬於我爲妻弟若以升鎬之妹爲王妃則升鎬於
我子亦爲妻兄父子同妻兄成何體面論爪葛則閔

家閨秀於上為諸姨禮同姓亦不取況娶至近之親
乎府大夫人固勸之大王大妃亦以府大夫人言故
屢言於大院君其力遂定議迎閔氏立為中宮先期
徙閔氏於雲峴宮王行親迎之禮於雲峴宮追封妃
父閔致祿為驪興府院君陞妃兄升鎬官大院君見
王妃天姿英明舉止磊落心忌之後王妃以書問安
於大院君々見其文舉大不悅曰此女博士也遂漸
與有隙而王妃以舅故謹奉事之不敢缺孝道也丙
寅異樣舡二艘來泊八尾島江華留守李章濂遣裨
將問情苔云米利堅國使臣願通商問使臣為誰苔

置於濟州常曰圭齋大饒倖已爲泉下客若今日在
者吾必擢其骨云圭齋南秉哲之壻也三年過密之
期已終將立王妃初布令簡擇而府大夫人之弟閔
外鎬出繼其族閔致祿之嗣致祿有女年方十六通
達書史有閨秀之譽府大夫人薦於大王大妃且謀
於大院君曰國朝秉世道之權皆戚臣益以近幸故
自然耳若與閔家爲國婚則閔我親家必不奪李家
之權雖見奪不亦勝於他人乎大院君不肯曰君家
外鎬於我爲妻弟若以外鎬之妹爲王妃則外鎬於
我子亦爲妻兄父子同妻兄成何體面論瓜葛則閔

何以報國家因言主上將迎中宮而新宮工費甚鉅

財政困難梁知其意遂願以十萬兩助嘉禮之用以

十萬兩補新宮之役費明日大王大妃下教戒梁更

勿放肆謹事大臣梁即以二十萬兩輸於度支大院

君與沈承澤有戚姻之誼先是往會於沈家之祭諸

沈悉集沈履澤時官參判在座謂主人曰興宣君何

以來參沈家之祭承澤曰君不知乎是吾戚屬耳履

澤怫然曰士夫亦有君爵之戚乎是可恥也不入祭

班而逕去興宣大慚至是嗾臺諫發沈履澤之私劾

以履澤往為忠清監司貪墨杖履澤於鍾街圍棘安

大院君佯驚曰、何故荷屋因叙其妾蒙嚴譴將歸其
鄉老夫以垂死之年、倚此爲命、令將訣別、豈能爲情
乎、語未畢而嗚咽、大院君欲笑倒而强忍、正容曰、君
命也、奈何、良久又曰、羅州家之不忍別、亦如公情乎、
梁從間壁側聽此語、涕泣聲聞於座、荷屋呼梁曰、雲
峴大監異於他客、爾何必避、其來拜謁、梁收淚前拜
而起、向壁隅而立、已而進酒饌、極其盛備、荷屋舉杯
屬大院君曰、萬事皆在於公々、獨不可爲我夫婦周
旋乎、大院君微哂曰、此非容易、然第圖之、荷屋破涕
爲歡、復令梁拜謝大院君曰、羅州家若蒙恩赦則將

以鄉邑賤妓恃大臣之寵、參涉政事賄賂致富、罪一
也、無禮於大臣、罪二也、人稱爾為羅閣閣者、非相臣、
則不得僭受人稱爾安然自居罪三也、當賜爾死、念
大臣餘年無多見爾慘狀、情所難忍、必失於調養之
節、故姑貸爾命、宜於五日之內治裝永歸爾鄉不許
留都下梁獲譴歸語於荷屋相持洋泣莫知所為荷
屋遂稱病與梁同往清水洞別莊謝絕賓客日夜愁
苦閣者忽報大院君至擧家驚喜如活佛下降大院
君謂荷屋曰聞公有疾来奉候矣觀公顏色不舒暢、
敢問有何欠節、荷屋太息曰僕將死願公慈悲施救

以無戎服不敢上謁對使者還報王不悅上馬而去

翌日二金皆上劄子謝罪王荅批曰往事何必為引

卿其安心二金得王批愈惶懼不自安始知大院君

之中傷也金左根赫荷屋故人稱荷屋大臣荷屋妾

羅州妓也姓梁當哲宗時荷屋以金族之長權傾朝

廷梁以寵於荷屋故亦賣官納賄家資鉅萬是時荷

屋已老耄而梁色不衰便慧善言奉承荷屋惑溺甚非

梁則寢食靡安國人呼梁為羅閤言羅州閤下尊之

也梁氏性婉而酷妬嘗怒批荷屋之頰人言籍々一

日大王大妃召梁入宮責之曰爾罪有三爾知之乎

曰公等國之元老也、遠迎於路嗣王或者召見慰勞、
戎服不可不別帶而去也、鄭從之犬院君謂王曰、歸
路須召見鄭金三大臣焉、王謁陵畢還幸渡露梁津
舟橋已曛黑號令軍中趲程入城、騎步馳驟塵埃黯
天至沙坪大臣朝服迎拜路左王忽駐馬、命鄭元容
金左根金典根入謁三人倉皇出於意外、鄭已持戎
服即脫朝服換著戎服趨入軍衛之內、王下馬立揖、
曰公勞苦遠迎予甚冲々、公年今幾何、對曰九十二
矣王歎曰、百歲老人精神不衰、步趨如少年此國之
瑞也、與語良久因促金左根等何不入見二金惶恐

皆著戎服、即笠飾虎鬚貝纓、衣藍帖耳、珮長劍禮也、

抵迎者、無論現任與無任而不從駕者不敢偃息於

家盡出迎於路立路傍、待輦過俯伏、若大臣抵迎則、

王躬身荅禮而過或待以優禮則遣內官謝若召見

則必以戎服謁於輦前時舊相臣鄭元容年九十餘

金左根興根皆七八十餘朝廷以耆老大臣故禮遇

有加焉及是三人皆將著朝服抵迎而或恐被召倉

卒無戎服則失禮不知用何服二金遣使往問於雲

峴大院君曰還宮必在日暮匆匆無召見之暇何必

別備戎服也、因過鄭元容、鄭又如二金之問大院君

磊落尚氣節、知大體、其爲廟堂之代理、佐樞密之

任宜哉、金完祖金錫準盜竊官金積逋巨萬吳道

榮操縱刑獄、賄賂致富、白樂瑞兄弟殘虐生民、張

淳奎助其剖克、皆罪不容誅、而其人品皆非常類、

若使國家法律整備、而在上者秉至公之心從事

於開進、則盤根錯節之際、可用者皆此輩、而此輩

亦不敢爲惡矣、吾甚惜之、

大院君既娍金左根金興根、欲修其怨、會王幸水原、

謁正宗陵、經宿還宮、前任大臣將迎候於江邊、朝制、

城內幸行、從駕百官皆用紗帽黑團領、城外幸行則

司皆有雲峴專任之吏、卿相拱手、署押而已、八道四
都監留營亦如之、監司留守反為所制若全羅監營
之白樂瑞樂弼兄弟、慶尚監營徐殷老、以鄉吏下賤
之炎煜爀帥臣稍忤其意則立見譴黜、白徐亦如張
淳奎為聚斂之鷹犬民欲食其肉、

野史氏曰人材本不限於貴賤而中等之才、惟在
於在上者用之如何譬如刀錐用於工作亦可用
於穿窬或至刎頸也、觀雲峴之信任者皆閭巷奇
才尹光錫吳道榮張信永等、文藝可愛聰明强記、
敏速絕類通曉事理尹光錫尤為傑出其人方正

張中立為之解釋收賄賂無算張以故探索愈勤先

畝崔於叢而後開一面之網都人無不側目千何。張

安之妹皆為尚宮侍王左右故為大院君寵任而宦

者李敏化為公事廳内侍掌出納内命故大院君亦

深結納以此輩為耳目宮中動靜即刻傳知也諸司

吏胥皆選聰明有才藝者以任之刑曹執吏吳道榮

戸曹執吏金完祖金錫準兵曹執吏朴鳳來吏曹執

吏李繼煥禮曹執吏張信永議政府八道都執吏尹

光錫皆世吏之商熟諳典例遇事立辨大院君一從

其言大臣六卿本朝除夕替視官曹如逆旅至此各

故民視景夏如閻羅罵人必曰跌落駱洞大院君由
此一事奪民之魄令行禁止終得逞其暴虐也新宮
未成財已告乏復勒令民納錢以助工役稱以願納
錢廣布耳目細探民產粗繼饘粥者必餂捕廳招其
家主以威臨之令納其產之幾分而實則往往為人
誣告故百金之產者令納千金雖罄產無以奉令多
自殺大院君之家令。最信任者千喜然何靖一張淳
奎安弼周四人世謂千何。張安其他如李承業劉在
詔皆權傾都下貴顯縉紳亦優禮以媚寵而張淳奎
專為願納錢周旋故罹於網者必囑托張求其減數

情而不告亦斬之、初國法嚴西教禁、指爲邪學、捕信
徒則脅令以穢言誓背天主其背教者輒赦至是、大
索國內縲絏相望於道、捕廳獄滿不勝裁決其中多
愚民愚婦童幼無知者、捕將憫之、懇諭令設誓背敎、
信徒不聽、乃以杖擊之、期於悔改而皮肉狼籍、血賤
廳上信徒輒歡呼曰血花生於身、將外天堂矣捕將
無奈何遂縛置獄中次苐翦殺、每殺輒問能背敎否、
而雖童幼、亦願隨其父母登天、大院君聞之、令盡殺
之、獨赦童幼棄尸於水口門外、如山積百姓股栗逡
畏威令李景夏家居駱洞尼捕將治罪人必於私苐

家搜至後堂、見一人、身長八尺、深目高準、白晳長髯
言語異常、所居器具珍玩華靡奇詭、遂與鐘三倶捕
至捕廳拷問之、其人自言姓名敬一、身邊珮十字
牌、問其何物、對以奉天主、遂以壓膝剪刀之刑拷掠
鐘三、方供以實、張敬一者、乃佛郎機國天主教傳道
師、潛處國內十五年、布教四方、信者數十萬人、而洪
鐘三李身達、皆崇信其教、捕將報於大院君、大驚
令殺張敬一於獄中、蓋以其外國人故、不欲顯戮駭
人目也、窮治鐘三身達等、而分捕信徒、終車裂鐘三
身達於西小門外、戮其尸、屠其妻孥、以南教知其

李身達皆同志之士願為國家紹介於西國矣聞日
本長崎地為西商輻湊地若得明公之命從釜山館
通信於長崎西商則招徠之道非難也大院君點頭
稱善曰此大事也不可造次待吾熟思而行但君勿
洩而吾計決時可見君君其待於家鐘三喜躍而去
大院君即命心腹家人張甲福密偵之張夜至洪家
踰垣入後堂乘其屋臥而聽屋下有異音者且有誦
書之聲偵十餘日方知其家藏匿外國人歸告於大
院君君曰是必西洋天主敎師也遂密飭左捕廳捕
洪及其家人不許走一人捕校引軍卒猝圍鐘三之

弊可以快絕然惜其不能盡祛其弊而用於無用
之地雖然若非此公之虎威則不能杜開化而保
頑固非此公則他日亦難望變頑固而進開化也
。洪鐘三者士族也嘗說大院君曰公知今日天下大
勢西洋諸國雄視中原乎大院君嫣然曰西洋國在
何處鐘三因歷叙歐米形勢曰我邦必不得高枕於
一隅若能通使於彼邦與之交結互為貿邊而師其
藝術則富國利民之策大院君因引之夾室與語曰
欲通西洋而海路絕遠東西懸隔何以為計鐘三曰
公誠如此則中興偉業可以立致生與友人南尚教

野史氏曰朝鮮埋葬之法盡於方家之說自君公
下至庶民同然一人死輒占一新地或因方家之
拘忌至使夫婦分離各葬於南北禮云死則同穴
其義安在所葬之地不許他人埋葬近傍已可憎
而與墓相望處亦不許他人葬尤為可惡其有害
於國家有二國家除田畓種植者外無土地之稅
墓地空曠不得種稼減全國稅額一也國之富在
於礦機旵之設必需材木墓地山脉大忌發掘私
占山林不曾收稅而亦不許採其主亦不敢採抛
棄天然之産妨碍利用之事二也大院君痛革其

甚多凡國內巨巖大木為民間崇祀者無不被斧斤

妖說百端大院君報斥之曰若木石之神為崇吾自

當之無煩民廳人莫敢沮止豪族大家皆護墓地所

占山林甚廣子孫不敢伐採養數百年欝密參天大

院君諭以將建王居欲用君家墓君之先祖有靈

亦必首肯因肆其斬研訴者輒得罪豪族無如之何

矣又令曰國法禁侵葬地山陵方一里士族百步平

民五十步令士族墓地至禁相望之地若如此則一

國除葬地外無可耕種之土其一切如古法無得廣

占閒地令下士民大苦之然亦無敢違者

以李景夏爲營建都監堂上兼左捕盜大將董其事
私諭京市民令赴役市民承其旨數百爲羣皆戴紙
毘廬帽飾以彩花荷賣持鋪一人執旗旗上題其市
人子來赴役又一人肩上承十許歲小兒粧童女舞
於肩上吹胡笛以應之日往營建所大院君悉招致
於庭命舞一曲賞以千兩於是諸坊市爭效之赴役
者日數萬人宮將不日而成光化門失火延及材木
積置塲所聚美材蕩然成灰復伐材於江原道山中
泛於斗尾上流運至漢江又劚石於名山造輵轤鋪
圓木於地置石於圓木之上以轉運繩忽斷死傷者

書、金世均爲戶曹判書、李外輔爲宣惠堂上李景夏

爲訓鍊大將李漳濂爲禁衛大將李景宇爲御營大

將李邦玄爲摠戎使、申命純爲右捕盜大將治大行

王葬禮定山陵于揚州、初憲宗欲重建景福宮宮在

白岳山下李太祖定都漢陽御此宮後至宣祖壬辰、

遭日本關白平秀吉之兵燹宮殿掃地、惟有慶會樓

石柱四十餘巍然而已、憲宗計工費甚鉅、乃私蓄內

帑盛銅錢於皮俗數百萬兩至是大院君欲成先王

之志下令重修諫官諫不聽加歛八道民結錢每一

結一百文謂之結頭錢乃始役設營建局于舊宮址、

雄不遇時故也視彼圭齋思穎諸人雖雅量過之

而終非石城之敵一朝脫穎而出猶欲挫其尖銳

多見其不知量也

大王大妃下教百官有司先稟事於大院君第令三

軍營選兵勇輪番護衛出入用雙蕉扇入闕門乘藍

輿內官扶掖上殿朝參別設座位於大臣之上令尚

藥年分進御山蔘送于雲峴宮定田畓奴婢如大君

之例正月十一日王覲於雲峴宮因歷謁景祐宮祠

宇而還宮大院君始爲政以趙斗淳爲領議政金炳

學爲右議政李宜翼爲吏曹判書鄭基世爲兵曹判

朕、大院君宜協賛大政若處尊崇之地不能與臣鄰
相接則多所妨碍其儀只與大臣同等而不趨拜稱
名於上前可也諸大臣愕然金左根金興根以為不
可爭之再三犬王大妃曰議已決矣領府事領敦寧
其安心焉諸大臣不得已退出、
野史氏曰金左根興根之爭大老儀注其意欲陽
尊而陰抑耳大院君以奸雄之姿挾君父之勢如
席生翼不可向邇區區儀文豈能束縛此人哉大
院君在哲宗之朝無攀援之親而翩翩一公子然
當壯洞金氏赫赫之日優游其間終免於禍益英

初必觀於雲峴宮一切勿勞以政事以遂安養之節
似爲當矣大院君聞而切齒次至金興根對如前議
趙斗淳曰大院君雖主上之私親主上既以翼宗大
王爲父則大院君亦人臣也金左根之說不可使國
有二君是也但其所定儀注與所說相予盾如此恐
不免於二尊愚以爲宜省諸繁儀而一如王子大君
之例不趨拜不稱名以尊於大君之上似爲當院相
鄭元容遂奏請從趙斗淳議犬王大妃下教曰諸大
臣之議參酌適中未亡人非不知事體而但嗣王年
幼未亡人以老婦未有見識顧今國事多難萬幾叢

根奏曰大院君爲嗣王之生父雖繼嗣之禮有等殺
於生家而孝自天子達於庶人不可以子爲君故父
北面而事之亦不可并尊使國有二君愚以爲宜待
以不臣之位入朝不趨上前不名玄服紗帽麒麟補
繡玉帶皁纛導以節旄八閥門乘四人肩輿立下馬
碑於雲峴宮門外建紅箭門以表之百官自大臣王
子君駙馬以下至師傅就其第皆衣公服至碑前下
馬外堂拜於楹外大院君出入以兵護衛其服如大
君之制而稍崇其儀以示朝廷尊尊之義主上以月

政門百官皆縗経入廷呼萬歲然後就哭班嗣王於
大行朝爲兄弟行因定服制諸殯殿舉哀而歸趙妃
殿尊趙妃爲大王大妃金妃爲大妃洪妃爲王大妃
封興宣君爲大院君夫人閔氏爲府大夫人追贈生
祖父南延君爲南延大院君號興宣宮曰雲峴宮諸
大臣議處置大院君於簾前時大院君已在簾中聽
大臣呀奏大臣不知也大王大妃下教曰大院君儀
注有所可據之典乎諸大臣其商確以奏院相其先
發議鄭元容對曰我朝生存大院君是祇有之事前
朝無例可援事體重難而臣職在攝政理宜集衆議

朝鮮廷臣不體此意猶欲守舊保其榮祿不止其

身以民爲犧牲更欲以犧牲遺其子孫者宜有天

誅、

嗣王入宮趙大妃不顧廷臣之在王左右突至外殿、

執嗣王手曰吾之子廷臣惶懼皆伏惟鄭元容勸大

妃入內殿大妃不聽固執嗣王之手歸所御之殿設

嗣王玉座於內殿因垂簾於玉座後傳吉召大臣入、

下教曰嗣王承翼宗大王之統矣丞布告內外未

亡人已垂簾其議定垂簾儀注以奏諸大臣錯愕然

事至此無奈何咸曰敬依慈教乃擇日行冠禮於仁

十一

利乎悲夫人主以治民之位貪虐猶不可況爲君
而乃盜賊耳主人使傭牧畜計日授工金不曾少
之雇傭使分掌其治之々職者貪虐此非惟不忠
一文更時有襃賞而傭既享工金與賞仍竊剪羊
毛賣於市私減牛蒭潤其囊見如斯人則雖白癡
者必認其爲惡盜何士夫而靦然行此不以爲愧
耶朝鮮今主承百王之弊而毅然新其規摸通萬國之
交而圖其富強異議盈廷而毅然英斷兇逆屢興
而立志不撓誠中興之賢君觀即位之初以幼冲
之年已知爲君之要領以愛民爲本此其天性也

會必擇智而義者為會長國家亦如之故西語謂
天下為社會社會之總理須撰有德者上古去立
法之初不遠故堯舜禹湯遞相禪授皐陶益稷退
讓不居若令日者君讓其位於臣必有燕噲之譏、
而使其臣終陷大逆之名矣美利堅合衆國大統
領撰與乃萬古至公之法人主私其位以天下為
傳家之業便生出無數弊端而自命名曰天子即
上帝遣子降世主管萬姓萬物之意遂恣行殺戮
束縛壓制以為天之命而民之生命既非已有則
自一身以至財産何者可為自由而何者為已擅

矢、

野史氏曰大哉王言吾知足以興邦矣國之立君

立相所以治民事俾其各保權利無相侵奪而愚

者導之以智貧者教之以富不仁不義者祛之以

安良民如斯而已黔首之衆非我奴隷土地之産

非我帑藏而貪君剝削民産以逞己奢侈之慾暴

君殘害民命以成其奸大之切周之太王去邠曰

吾不以養人者害人無論土地與財賦今之不以

養人者害人者幾君乎書曰民惟邦本已叮嚀

言之矣蓋君為民而立非民為君而生譬一社之

紙爲大臣宰諸有司諸王前宣王大妃吉畢鄭元容
跪垂淚曰老臣不幸歷事六朝今再迎新王矣王驚
疑莫知爲何事與宣君與夫人亦跪執王手曰從此
後不得執此手云王遂乗步輦以幅巾淡青袍入宮
觀者塞路衛士揮鞭奮撃老幼顛仆散而復合不得
進王命停輦招大臣來輦前問曰大臣等携我而去
欲何爲對曰將爲王王曰王者非治民者乎今將爲
王而去民之聚觀正是愛我也何乃肆其歐撃哉天
寒且甚恐傷人宣禁軍士不許辟除道路大臣敬諾
即宣王吉百姓已親聽天語歡聲如雷曰吾輦無憂

之人草々定大計而諸戚里甘攘臂各懷私志時翼

宗王妃趙氏憲宗王妃洪氏皆在宮中而趙妃之姪

成夏從姪寧夏皆幼領議政趙斗淳爲族長欲以新

王繼翼宗之嗣洪妃之父益豐府院君洪在龍已卒

之統皆密奏宮中各定策略而哲宗王妃金氏方在

子淳馨亦幼判書洪淳穆爲族長謀以新王繼憲宗

悲哀中且特本家之强盛以爲必承大行王之嗣無

他慮也乃下敎曰興宣君第三子。興福天姿夙成有

人主之量其入承大統以前領議政鄭元容爲院相

往迎于雲峴私第王方幼冲戲於禁衛新營園中放

以慧眼看破其戲言正所以試也大院君之一驚、
亦如劉豫州之聞雷落箸互相籠絡可觀嘗間主
齋生時甚愛令主每握手沈吟多有贈賚云可知
其已入水鏡之鑑也、

癸亥十二月哲宗崩諸金議嗣位無可立者惟有興
宣君第二子年十二英邁有天日之表將迎立之領
府事金左根領敦寧金興根獨難之曰是有生父我
國古來無生存大院君將處其父以何位且興宣性
質不好若恃太上之尊攬朝政而濁亂則必為國家
大患盍三思而行炳基炳國等皆悲慟痛哭如喪魄

後患也已而景平君李昇應亦以貪橫竊濟州宗室
喘喘惟恐不免一日興宣君往南秉哲第金南等皆
輕興宣遇以嘲謔興宣亦以此為榮是日南從容謂
興宣曰爾知夏全謀興宣大驚面如土色叩頭曰君
何作此惡劇秉哲大笑曰時伯何其膽小也興宣出
汗浹背歸語人曰是日當減十年壽算
野史氏曰大院君人傑也家有潛龍豈有不知之
理乎當宗室誅戮之際護身之策恐為晚故籌定
於幾微之前優身輕薄以自毀名屈首謟諛為子
求官鄙陋已甚不復為當途所注意而圭齋則已

口也我儕雖不食君家生日筳令郎科事無應矣興
宣語塞再拜曰君不枉駕則此漢無面見家人南終
不聽與宣唧恨切骨後載晁終得及第時有告謀反
者捕治窮覈辭連都正宮李夏全連株甚多車裂諸
首謀者而賜夏全死初夏全赴舉常多慕力士入試
塲與諸豪家爭席是年與金家子弟相爭大敗夏全
被髮徒跣逃出試塲外憤其以宗室見折於戚里拍
手仰天大呼曰天乎寃哉諸金遂以此為怨望甚不
悅終有是禍百姓無不寃之聞其死至隕淚盖哲宗
将立之初權敦仁所議立者夏全故諸金乗機除其

曰圭齋君若掉頭則并贊成吾亦不來千萬乞一舉

趾秉哲笑而頷之至期日已晚金南俱不至與宣焦

躁連遣使迎之炳基稱疾秉哲托以有公事與宣知

事不成飛車自往迎炳基炳基正衣冠方對賓客與

宣曰聞有美疴已勿藥否炳基笑曰吾本無病但令

日之約未嘗忘之而君為宗室吾為戚臣今主上無

嗣內外方憂此時戚里不可與宗室之有子者私會

恐招嫌疑故不敢往君家吾悔失言於君耳與宣大

驚以其釁出於意外不敢強黙然出曰此必主齋所

為因諸南秉哲南迎謂曰已知君來作何聲不必開

妓家往往爲群不逞所辱人皆不齒於朝紳每謟事

諸金而諸金薄其爲人皆以冷眼視興宣君素善寫

蘭嘗貸得數百金買精絹手寫蘭作一屏風粧飾甚

美欲獻於金炳基而恐遭斥退乃因其左右婉辭以

進炳基受之不一閱覽而納於庫興宣君大失望焉

興宣之長子載冕不慧興宣欲其子登科而計無所

出當其生日與夫人閔氏謀典釵釧衣類而沽宴具

招妓樂先期往炳基家請曰某日乃我生朝君肯來

我弟榮莫大矣炳基曰唯命但先約圭齋若圭齋肯

則我無不肯之理興宣大喜諸南秉哲告如前言且

物府院君子炳翊荏弱多病、永恩不曾授以要職任

金炳學炳國皆仁裕有度、炳基稍豪爽永恩皆愛之、

分以耳目之任故皆得參預政柄而南秉哲聰明絶

倫博學能文尤精於算術推步能自製水輪運動地

球四時儀永恩尤愛之哲宗亦待以殊寵遂睥睨諸

金終至見挫欝欝不樂專以書畫聲色自娛炳翊爲

諸從奪其權抑而置之內不能平永恩亦不省也、哲

宗屢舉子皆不育而過於酒色諸金憂王之無嗣陰

欲除宗室子之有名譽者與宣君李昰應才智過人

而家貧饘粥亦不繼、性輕佻放蕩好與無賴軰開遊

諸有司惟事因循以致庶務壅滯刑賞不決而世
道乃大行黜陟以示其威然後人心方定翕然趨
附此世道更迭之時通患也若夫兩雄相角各樹
黨幟勢力均敵不相上下則此時立朝者昨榮今
辱倏忽變幻其首鼠兩端者又見在於閒散最爲
慕羶者不幸之會若憲宗朝趙氏當局秉龜橋東
顯之際是也惟金氏南氏之相爭則雖有小風波
然永恩府院君爲世道主人故子侄軋轢終歸於

和云

永恩府院君爲人寬厚御下以恩體極肥大人謂包

政權以付之此世道之始也、雖然正宗英主也、其
在東宮備嘗艱苦如晉文而天姿明睿好學勤問
嗣統之後沛然施政百僚整肅不敢奸蔽故國榮
雖有轉日回天之力、然恒自謹飾惟恐一朝獲譴
失寵而民庶又安文蔚然此乃文成王之德非
世道之功也、自此以後宰以外戚后家爲世道而
蹈襲成例不惟人不以有世道爲非反以無世道
爲憂偶有世道家之强敵、起而頡仆之則政權已
歸於新世道然內情秘密外人或未悉知咸彷徨
觀望莫知方向有欲建白而莫測上意趑趄不發

經十餘年而朝夕獻勤於世道之家終無所得而
歸者甚多視其門車馬闐咽駔僕屯聚或倦睡或
鬪鬨不啻如市入其堂則熱鬧劇夫
奔競皆此類也其初創世道之義以為人主崇嚴
臣僚有委曲事情與夫民間疾苦不能備細奏聞
下情難於上達若人主直接庶司則又恐君權陵
夷故用世道以間接耳二百年前有權倖而無世
道之名若英宗朝之洪翼漢鄭獜趾等亦不可謂
世道至正宗朝洪國榮保衛王躬於潛龍之日屢
經危險迨正宗以世孫嗣英宗位寵遇國榮遂擧

視亦難周其從容宴處之時有乞仕者有欲以子
弟登科者有籲寃枉者有求保護財産者有請遷
官者有謀富厚者千態萬形各有所懷主人西向
專席而坐高位之客陪坐於第一間謂之檻內其
餘文武三品官以下皆分南北兩行盡後而坐諸
司吏負豪商富農非士族者皆拱手立於賓客之
背後始入戶者東向拜而後就坐非士族者亦不
敢拜先者退後者進自早朝至夜漏盡後不少間
斷日數千計或有盡夜伺候者或有日再見者他
大宰每日候於門遠方之士抛業離拏旅食都下

道者其人雖在卑官散職若王命以世道之任則
冢宰以下聽命於此人凡軍國機務百官狀奏皆
先咨於世道而後奏於王亦先詢於世道而後決
威福在手與奪惟意舉國奉事世道如神明一忤
其吉禍患立至雖凤德大才不為世道所知則湮
没草野故芭苴絡繹於道賓客輻輳於門三公六
卿充其位而已或世道苦於應接深居後堂謝絕
來客則縉紳貴顯集待於外舍懇以一見顏色其
得不拒入而出則視坐於外者傲如也揚袖而
去世道欲出門則蜂擁至前或拜或揖領之不遑

專橫如此、事聞朝廷、罷秉哲職、旋復為直提學入關

過政院炳基。遙呼曰君何不顧我秉哲不答而去自

是相讐益深、既而諸金與南講和、然南終不肯釋徒

以孤族故依違而已、終哲宗之世金氏秉政權而南

秉哲亦不失其榮位、

野史氏曰、朝鮮俗語、以政權為世道云、其人為世

道、某家失世道、夫自古強宗貴戚或佞臣嬖宦、能

操縱人主專擅政事者、無代無之、然人主初未嘗

以太阿之柄公然授人臣、而往往偏寵傾任、以至

濁亂國家則朝野腹誹、憤々不平、唯朝鮮之謂世

封全溪君為大院君以金賢根女為王妃封賢根為
永恩府院君協贊大政純元王后垂簾於內而萬幾
皆先決於永恩以永恩之姪金炳國為訓鍊大將金
炳學為大提學金炳基為左贊成永恩之子炳翊為
待敎永恩之表姪南秉哲為兼吏曹金氏權傾內外而
南秉哲頗亦用事炳基忌之擠秉哲出為全羅監司
秉哲內懷憂憤而不敢發適暗行御史巡全羅道至
監營將按府判官先捕判官之屬吏拷問於府庭秉
哲大怒曰御史敢至我管下行其威乎乃命吏卒數
千人攻御史御史踰垣而逃因奪判官屬吏而歸其

下內旨使元容迎全溪君第三子於江華府元容懷
內旨出至尚瑞院命官賁押御璽遂不宣於朝自闕
疾馳至江華先告於留守令賁車輿共詣全溪君第
時君已卒其子總角居村野貧甚躬耕織屨元容等
奉吉來迎擧家驚懼不敢登途元容懇告王后之意
遂偕歸先馳告於朝請遣護衛兵於江頭以待元容
等相謂曰若至江頭不見兵來則吾輩盡死矣經日
抵銅雀渡馬軍已屯於江北元容望見尚方儀仗大
喜顧左右曰今而後吾頭可安於肩上也將入城萬
衆塞路歡呼震地六月行冠禮即王位是爲哲宗追

潘南　朴齊炯　述

咸陽　斐次山　評

憲宗崩無嗣純元王后金氏會大臣議繼統相臣鄭
元容議迎立全溪君第三子昇相臣權敦仁議立都
正夏全久不䏻決元容一日待漏闕門外眛爽詣內
夊空內外悲懼盡早定大計后諭與敦仁協議而決
閤門請謁后引見元容奏大行王昇遐歷日而寶位
夊空內外悲懼盡早定大計后諭與敦仁協議而決
元容奏宜先決於聖裏而後報於敦仁后兄其奏因

近世

朝鮮政鑑

原文

近世朝鮮政監序

　朝鮮近代之史　不可得而讀　若史臣所記　藏諸名山　待革代
而出於世　雖然此特政記而已　內外瑣事　必徵於野史　而野史
禁刊行　縱得公許　言者赤必得罪　宜其無著述者　而燃藜室記
述　朝野僉載　考事紀年等書　彙集諸家私記　上自國初　迄于
英廟　我朝史料　捨此無可採者　然正廟以後　無復記者　六朝
之事　遂漠不可考　常以爲憾　今年春　日本人宮川氏　示余朝
鮮政監二冊　求爲弁言　余閱之　乃朴而純之述　而裏此山所評
其例如日下記聞　非史體　而所記執政大臣行蹟頗詳　若院閣
尤有微旨婉辭　以寓褒貶　此必而純箱篋秘藏　胡爲落於宮川
氏之手哉　此山之評　赤可觀　而此山嶺南詞客也　其論西敎
未免偏執　有迂腐之氣　可見其頑固　然不出域內　而能博涉異
敎　赤奇士耳　自開港以來　外交日廣　而外國新聞　傳我邦事
者　九虛一實　固不能一一辨明　今此書出　而訪我邦之內情者
可悟昔之誤聞訛傳　而其中爲國家之瑕疵者　赤可以駁正　則
而純之功也　雖然而純毅然　不以以言得罪爲懼　而出此書於
世　盖效西國新聞記者之風歟..

　　　　　　歲在丙戌暮春上澣　朝鮮漫士李樹廷序

近世

朝鮮政鑑

序文

근세조선정감

초판발행 ‖ 1975년 2월 25일
개정초판 1쇄발행 ‖ 2016년 8월 30일

지은이 ‖ 박제형
옮긴이 ‖ 이익성
펴낸이 ‖ 홍정수
펴낸곳 ‖ 탐구당
등록 ‖ 1950. 11. 1 서울 제03-00993호
주소 ‖ 서울특별시 용산구 한강대로62 나길 6
대표전화 ‖ 02-3785-2211
팩시밀리 ‖ 02-3785-2272
홈페이지 ‖ www.tamgudang.co.kr
전자우편 ‖ tamgudang@paran.com

값 17,500 원

ISBN 978-89-6499-029-2
       978-89-6499-018-6 (세트)